사
랑
하
고

LOVING & LIVING

사
랑
하
라

모든 인간은 하나님의 형상을 닮은 존엄한 존재입니다. 전 세계의 모든 사람들은 인종, 민족, 피부색, 문화, 언어에 관계없이 존귀합니다. 예영커뮤니케이션은 이러한 정신에 근거해 모든 인간이 존귀한 삶을 사는 데 필요한 지식과 문화를 예수 그리스도의 사랑으로 보급함으로써 우리가 속한 사회에 기여하고자 합니다.

라이프 디자인 시리즈_1

사랑하고 사랑하라

초판 1쇄 찍은 날 · 2011년 12월 15일 ┆ **초판 1쇄 펴낸 날** · 2011년 12월 20일
지은이 · 인진한 ┆ **펴낸이** · 김승태
등록번호 · 제2-1349호(1992. 3. 31) ┆ **펴낸 곳** · 예영커뮤니케이션
주소 · (136-825) 서울시 성북구 성북1동 179-56 ┆ **홈페이지** www.jeyoung.com
출판사업부 · T. (02)766-8931 F. (02)766-8934 e-mail: edit1@jeyoung.com
출판유통사업부 · T. (02)766-7912 F. (02)766-8934 e-mail: sales@jeyoung.com

ISBN 978-89-8350-774-7 (03230)

값 12,000원

라이프 디자인 시리즈_ 1

DESIGN YOUR LIFE

사랑하고 사랑하라
LOVING & LIVING

사진 | 글 | 인 진 한

그대의 인생이
사랑으로 늘 푸르게
꽃필 수 있는 인생이 되기를!

. C O N T E N T S .

Today is the Day

사랑, 함께함의 약속

오늘
그대는 내 짝이 되고
나는 그대의 짝이 되어
삶의 거친 파도를 헤쳐 나가는
즐거운 항해를 떠납니다.

서로
힘찬 인내로 보람의 땀을 흘리고
깊은 신뢰로 마음을 의지하고
따뜻한 사랑으로 고통을 싸매는
이 행복한 삶에

그대가 함께해서 참 좋습니다.

참 다행입니다.

치열하게 살아야 하지만 치졸하게 살지는 말아야 한다.

⌒ 소중한 설렘 ⌒

짙은 어둠을 향해 가는 별들처럼

경이롭고 믿음직스럽고 사랑스럽고

순결하게 빛나는 나의 인생은

거친 들을 지나고 험한 산을 넘는다 해도

당신의 사랑이 허락한

모든 축복

모든 좋은 것으로 인해

누리지 못할 기쁨은 없습니다.

가슴 저리도록 감격스러운

내 영혼의 숨쉬기는

오직 당신만을 향한

소중한 설렘입니다.

명작의 삶

제이콥은 경제적으로 어려운 사람들이 함께 모여 살고 있는 작은 마을에서 3대째 빵을 굽고 있습니다. 마을 사람들은 제이콥이 만든 빵이 세상에서 제일 맛있다고 서로 칭찬을 아끼지 않습니다.

처음 그의 할아버지가 이 마을에서 빵가게를 시작한 이유가 있습니다. 값싸고 맛난 건강에 좋은 빵, 어머니의 손길처럼 따스한 빵을 만들어 가난 때문에 웃음조차 잃어버린 사람들과 희망을 나누고 싶었던 것입니다. 그래서 할아버지는 행복한 웃음을, 아버지는 넉넉한 인심을, 제이콥은 서툴지만 용기와 위로의 말을 빵 봉투에 함께 넣어 삶에 지친 동네 사람들의 마음에 힘을 주고 있는 것입니다.

사실 제이콥은 어릴 적부터 빵 굽는 냄새가 싫었습니다. 가난한 동네에서 사는 것도 견딜 수 없어, 한때는 집을 나가 혼자 살아보기도 했지만 이내 동네 사람들의 다정함과 사랑의 빵 냄새가 그리워 다시 집으로 돌아왔습니다. 그리고 어릴 적부터 할아버지와 아버지가 자신에게까지 빵 굽는 기술을 가르쳐 주신 이유를 다시 되새기며 빵을 굽기 시작했던 것입니다.

제이콥이 만든 빵을 먹는 동네 사람들은 오늘도 배고픈 인생 속에서 배부른 사랑으로 하루를 시작합니다. 할아버지가 마을 사람들과 약속한 사랑의 나눔을 계속 이어가길 바라는 제이콥은 오늘 아침도 할머니와 살고 있는 아이린을 기다리며 사랑의 빵이 식지 않기를 걱정합니다.

✚

세상에서
가장 아름다운 꽃다발은
마음입니다.

씨앗이 꿈꾸는 찬란한 미래

기다림은 행복

기다림은 동행

기다림은 선물

기다림은 겸손

기다림은 눈물

기다림은 능력

기다림은 성숙

기다림은 나눔

기다림은 회복

기다림은 도전

기다림은 사랑

삶은 기다림

기다림 없이 이루어지는 것은 아무것도 없습니다.

기다림으로 이루지 못할 것은 아무것도 없습니다.

농부는 결코
하늘을 원망하지 않는다.

✚

정직하게 깨어 있으라!

좋은 날은 반드시 옵니다

지칠 대로 지친 세상살이
끝이 보이지 않는 암담한 현실
사라지지 않는 미래의 두려움
몸부림치며 도망치고 싶은 나약한 마음
더 이상 어쩔 수 없어 넋 놓은 지친 생활
항상 탈출구를 찾아 헤매고 있는 방황

그래도 괜찮습니다.

오늘의 어깨처짐은 결코 실패가 아닙니다.
고통스럽지만 환하게 웃고
암담하지만 고개를 활짝 들고
힘을 다해 벌떡 일어나야 합니다.

당신은 괜찮은 사람입니다.
당신은 괜찮은 미래입니다.
당신은 괜찮은 의미입니다.

지금 이 순간은 절대로 끝이 아닙니다.

괜찮습니다. 다 괜찮습니다.

내가 먼저 나를
위로해 주는 것도 좋습니다.

어둠이 내릴 때
마지막까지 날 비추는
햇빛 같은 사람

행복은 나에게 미소로 다가오고
인사처럼 반갑습니다

고속도로 공사현장에서 20년째 일을 하고 있는 톰은 네 아이의 아버지입니다. 그는 고단하고 위험한 일을 하면서 삶의 의욕을 잃을 때가 많지만, 무사히 일을 마치고 집으로 돌아와 가족과 함께 감사의 기도를 드릴 때면 그 속에서 다시 살아갈 힘을 얻습니다. 그리고 일을 하면서 가끔 위험스럽게 자신을 스쳐 지나가듯 달리는 차 속의 운전자들과 신기하게도 얼굴이 마주치는 순간을 생각하면 행복한 마음이 느껴집니다. 짧은 순간인데도 서로 미소를 지어 주고 손을 살짝 들어 흔들어 줄 때는, 마치 인생의 짐을 서로 나누어지는 것 같습니다.

얼마 전, 톰은 심한 사고를 당해 병원에서 지내게 되었습니다. 많은사람들이 톰을 위로하기 위해 찾아왔지만, 유독 잘 알지 못하는 어느 할머니의 방문은 톰을 당황스럽게 했습니다. 할머니는 톰에게 눈물을 흘리며 감사의 인사를 했습니다.

"몇 년 전, 고속도로에서 차량충돌 사고로 한쪽 다리를 잃게 되었습니다. 사고를 당하던 그날, 나는 차 안에서 고통스러워하고 있었는데 인근에서 작업하던 당신이 사고 현장을 목격하고 부서진 차 속에서 움직이지 못하는 나에게 바로 달려와 주었습니다. 그리고 구급차가 올 때까지 위로해 주며 손을 잡고 함께 있어 주었습니다. 그 후, 나는 치료와 재활을 통해 다시 운전을 하게 되었고, 고속도로 공사 현장을 지나게 되면 습관적으로 당신을 찾으며 언젠가 당신에게 감사의 인사를 전해야지 하고 생각했습니다. 그러다가 어느 날 손녀를 만나러 가는 길에 도로가 막혀 천천히 운전하게 되었는데 그때, 구급차에 실려 가는 당신을 보게 되었습니다. 그리고 수소문 끝에 당신이 입원한 병원을 찾아오게 된 것입니다." 할머니는 흐르는 눈물을 닦으며 톰에게 받았던 위로를 다시 돌려주었습니다.

"이제 당신이 나의 위로를 받아야 할 차례입니다. 하나님은 우리가 가장 힘들 때 서로에게 기적이 되라고 만나게 하신 것 같아요."

사랑하는 사람, 해야 할 일,
그리고 희망하는 미래가 있으면
먼지 나는 인생길에서도 활짝 웃을 수 있습니다.

새는
바람을 무시하지 않습니다

한 발자국만 천천히 내딛으며 살아가십시오.

미처 발견하지 못한 보물이 보입니다.

빠르지 않다고 얻지 못할 것은 없습니다.

한 마디만 천천히 말하며 살아가십시오.

진심을 전할 수 있는 기회가 옵니다.

먼저 말하지 않아도 손해 볼 것은 없습니다.

한 마음만 천천히 포기하며 살아가십시오.

어떻게 하는 것이 옳은지 알게 됩니다.

마음먹은 대로 다 행동할 수는 없습니다.

한 느낌만 천천히 나타내며 살아가십시오.

아름다운 사랑을 전할 수 있습니다.

감정을 드러내지 않아서 놓칠 것은 없습니다.

그대가 있어 참 다행입니다

    놀이동산에서 청소 일을 하는 리처드는 이곳을 대표하는 안내원입니다. 자신의 유니폼에 쓰인 "친절한 안내원 리처드" 이름표를 그는 매우 자랑스러워합니다. 그 이유는 방문객들이 궁금한 점이 있으면 자주 마주치는 청소원에게 묻기 때문입니다. 비록 청소원이지만 방문객들이 즐거운 시간을 보낼 수 있도록 도우미 역할을 하는 자신의 직업을 리처드는 천직으로 여기고 있습니다. 더군다나 리처드의 아들도 친구들에게 놀이동산에 가서 청소를 하고 있는 "친절한 안내원 리처드"를 만나게 되면 반갑게 인사를 하라고 합니다. 그리고 "그분이 바로 우리 아빠야!"라고 자랑합니다.

사실 리처드가 이렇게 자신이 하고 있는 일에 기쁨과 의미를 갖게 된 계기가 있었습니다. 평소 리처드는 놀이동산에서 청소나 하며 근근이 살아가는 자신의 인생에 대해 실망하고 있었습니다. 그런데 어느 날, 시골에서 평생을 열심히 살아온 어느 노부부가 은퇴를 하고 그동안 저축한 돈으로 여행을 하던 중 놀이동산에 오게 되었습니다. 그러나 노부부는 사람들도 많고 복잡한 환경에 익숙하지 않아 이리저리 놀이동산을 헤매게 되었고, 그때 그들은 청소를 하고 있던 리처드를 만나 도움을 요청하게 되었습니다. 리처드는 노부부를 보면서 5남매를 키우다 교통사로로 갑자기 세상을 떠난 부모님 생각이 났습니다. 그래서 그날은 일부러 일을 일찍 마치고 노부부의 안내원이 되기로 했습니다. 하루 종일 함께 시간을 보내며 이런저런 인생의 이야기를 나누다 보니 마치 부모와 아들 같은 느낌과 알 수 없는 흐뭇함, 편안함이 느껴졌습니다. 그리고 이상하게도 노부부와 헤어진 후부터 리처드는 하루하루 최선을 다하고 만족하며 살아가는 자신을 발견하게 되었습니다.

노부부는 여행을 마치고 놀이동산 앞으로 리처드의 친절함에 대해 칭찬과 감사의 편지를 보냈습니다. 회사에서는 리처드의 이야기를 모델로 "안내 청소원" 프로그램을 시작했습니다. 물론 리처드는 이 프로그램의 책임자가 되기도 했습니다. 놀이동산은 오늘도 리처드와 같은 친절한 안내 청소원들의 웃음소리로 가득합니다.

내게 소중한 것은
다른 이에게도 소중합니다

나에게만 급한 일이 있는 것은 아닙니다.
누구든지 급한 일은 있습니다.

나에게만 소원이 있는 것은 아닙니다.
누구든지 소원은 있습니다.

나에게만 소중한 사람이 있는 것은 아닙니다.
누구든지 소중한 사람은 있습니다.

나에게만 뭐든지 필요하다고 여기지 말고
누구나 뭐든지 필요함을 잊지 말아야 합니다.

to be with you

당신과 더불어

당신의 사랑은 내 생명
내가 힘차게 살아갈 이유입니다.

당신의 이름은 내 행복
내가 언제나 웃을 수 있는 이유입니다.

당신의 목소리는 내 미래
내가 희망을 향해 움직일 수 있는 이유입니다.

당신의 손짓은 내 삶의 힘
내가 다시 일어설 수 있는 이유입니다.

햇빛처럼 밝고 환하게 내 영혼을 비추며
언제나 소중함으로 날 감싸 주는 당신

내가 가진 그 어떤 것을 희생해도 아깝지 않은
당신을 사랑합니다.

삶을 살아가면서
포기할 만한 것은 하나도 없습니다

일자리 얻기가 힘들어 이모가 하고 있는 집 청소 대행 일을 하고 있는 남미 출신의 마리아. 고향을 떠나 타국에서 푸른 꿈을 이루려고 무던히도 노력했지만, 여러 어려운 사정으로 열정은 사라지고 낙심된 마음으로 하루하루를 힘겹게 살고 있었습니다. 남의 집 쓰레기통을 비우고 욕실의 더러운 이끼를 땀을 흘리며 닦아낼 때는 고향으로 다시 돌아가고 싶은 마음이 들어 마리아를 더 힘들게 했습니다.

다행히도 청소를 하던 어느 집에서 마리아는 다시 인생의 큰 힘을 얻게 되었습니다. 맞벌이하는 집주인 부부는 대학에서 만나 결혼한 신혼 부부였는데, 요즘 냉랭한 부부 사이 때문인지 먼저 출근한 아내가 남편을 향한 사랑의 고백 편지를 욕실 거울에 립스틱으로 써 놓았던 것입니다.

"여보, 아직 젊고 축복된 인생이 우리를 기다리고 있어요. 포기하지 말고 다시 마음을 잡고 시작해요. 포기할 이유도 많지만 포기하지 말아야 할 이유가 더 많잖아요. 우리의 아름다운 인생을 위해 함께 사랑을 키워 가요."

Beautiful Moments

거울을 바라보던 마리아는 마음속에 뭔가 큰 울림이 퍼지는 것을 느끼고 그 자리에 주저앉아 한참을 울었습니다. 그리고 그동안 자신을 힘들게 했던 마음의 짐을 떨쳐 버리고 다시 용기를 낼 수 있었습니다.

마리아는 일어나 거울을 닦으며 집주인 부부에게 역시 립스틱 답장을 썼습니다.

"미안합니다. 두 분의 마음을 읽었습니다. 그리고 고맙습니다. 요즘 저도 무척 힘든 생활을 하고 있었는데 두 분의 사랑 때문에 제 인생의 푸른 꿈을 다시 꾸기 시작했어요. 두 분도 사랑의 힘으로 다시 일어나세요. 청소원 마리아."

인간이 동물과 절대 다를 수밖에 없는
가장 중요한 이유는
인간은 살아갈 이유가 존재한다는 것입니다.

선한 마음을 가진 땅

섬김은 세워주는 격려입니다.
상대방과 하나 됨입니다.

구원을 공짜로 받은 것은 모든 것을 거저 나누라는 뜻입니다.
자연은 모든 것을 서로 나누며 존재합니다.
아름다운 섬김입니다.

분열의 원인은 내 것, 네 것이라고 주장할 때 일어납니다.
나눔은 마음이 먼저 나서야 합니다.
그럴 때 서로의 마음은 같은 위치에서 한 몸이 됩니다.
한 몸은 평균입니다.
평균은 물질이나 환경의 동등이 아니라,
먼저 마음이 같아지는 것입니다.

"내어 주고 품어 주는 흙처럼 살고 싶습니다"

숲을 떠나는 나무는 없다

나무는 절대로
자기 자리를 떠나지 않는다.

자신이 살고 있는 숲이 썩었다고
다른 곳으로 움직이는 나무는 없다.
묵묵히 그 자리를 지키며
향기 나는 숲을 만들어 간다.

그대도 든든히 삶의 자리를 지키라.
메마른 땅의 들꽃처럼 뿌리를 내려라.

오늘 하루도 눈부시게 살기를 기도합니다.

아름다운 삶의 혁명을 일으키라!

그대가 아무리
무거운 짐을 지고 있어도
내가 대신 기쁘게 지고 싶습니다

주유소 입구 나무 전봇대에 걸려 있는
종이 한 장이 내게 말했습니다.

"넌 자동차 배는 채워 주면서
누군가의 인생이 아프고 굶주릴 때는
왜 네가 가진 것을 함께 나누며
동무가 되어 주지 않니?"

인간이 가장 부끄러울 때는
해야 할 일을 하지 않을 때입니다.

인간이 가장 아름다울 때는
해야 할 일을 위해 희생할 때입니다.

"기적으로 물 위를 걸으려고 하지 말고
마른 땅이라도 제대로 걸어야 한다."

지금의 축제를 즐겨라

광야의 높고 넓은 깜깜한 밤하늘에서
가장 빛나는 별을 찾을 수 있습니다.

사막의 강렬한 태양을 지날 때
물 한 모금의 소중함을 알 수 있습니다.

광장의 정신없는 군중 속에서
가장 소중한 친구를 만날 수 있습니다.

어깨를 짓누르는 일터의 어려움 속에서
미래에 대한 희망을 품을 수 있습니다.

재난을 통한 고통의 아픔 속에서
하늘의 사랑을 깨달을 수 있습니다.

어쩔 수 없는 당황스러운 사건 속에서
은혜의 움직임을 발견할 수 있습니다.

지금 어떤 상황일지라도
그대를 위한 최고의 시간은 바로 '지금'입니다.

인생은 보석을 하나씩
흘리며 가는 여행입니다

젊을 때부터 아름다운 목소리와 미소로 주변에서 칭찬을 많이 받았던 퀸 할머니는 언제나 주변 사람들을 기쁘게 했습니다. 그런데 얼마 전, 남편과 사별한 이후부터는 마음에 병이 든 것처럼 우울증이 심해지고 삶의 의욕도 없어졌습니다.

이를 안타깝게 여기며 마음 아파하던 아들은 어머니께 자신이 일하고 있는 도서관에 와서 주말마다 어린이들에게 책 읽어 주는 봉사를 해 달라는 부탁을 했습니다. 퀸 할머니는 처음에는 몸도 제대로 움직이기도 힘들고 해서 이 일을 매우 귀찮아했습니다. 하지만 시간이 지날수록 자신을 깊은 눈빛으로 쳐다보는 아이들을 생각하면, 이상하게도 마음이 편해지고 생활에 활력이 생기기 시작했습니다. 더군다나 아이들이 눈에 아른거려 봉사하는 주말을 기다리지 못할 정도로 아이들을 사랑하게 되었습니다. 할머니가 아이들에게 책을 읽어 주며 그동안 살아오면서 겪었던 어려움, 그리고 이를 극복했던 이야기를 내용에 맞게 설명해 주었을 때, 마치 영화를 보는 것처럼 흥미 가득한 얼굴로 할머니를 바라보며 서로 손을 들고 질문하는 희망찬 아이들의 모습이 할머니를 다시 일으켜 세웠던 것입니다.

할머니는 어느 인생이든 세상에 존재하고 있다는 사실 하나만으로도 의미 있다는 것을 깨달았습니다. 또한 열심히 살아온 인생은 모두 아름답다는 사실을 알았습니다. 여왕처럼 빛나는 인생이 되라며 자신의 이름을 지어준 부모님의 기대처럼 퀸 할머니는 지금까지 멋지고 아름답게 살아왔던 것입니다.

소중한 나의 인생, 지나온 내 삶의 보석들이 반짝거리며 웃고 있습니다.

'내일'은 '내 일'이 이끌어 가는 것이 아니라
'희망'이 이끌어 가야 한다.

생명의 떡을 나누어 먹으라

천천히 타들어가다 어느 순간 번지는 불길처럼
시간이 갈수록 깊어지는
믿음의 관계를 형성하라.

약점을 털어놓았을 때 그것을 악용해
뒤통수를 때리지 않을 것이라는
신뢰의 관계를 세워 가라.

변화 많은 세상에서 변하지 않는 사랑을 쌓아 가는
가장 멋진 관계를 만들어 가라.

함께함의 복을 놓치지 말라

　기러기를 연구한 결과에 의하면, 기러기는 V자 모양으로 무리를 지어 날아가는데, 이렇게 하면 실제로 70% 이상 더 빨리, 더 쉽게 날아 간다고 한다. 그리고 바람의 저항이 제일 강한 V자의 마지막 끝에는 리더 기러기가 자리를 잡는데, 다른 기러기와 번갈아 가며 자리를 지켜 무리가 쉬지 않고도 먼 거리를 갈 수 있다.

　더군다나 V자의 양끝은 가장 날기 쉬운 자리라서 어린 기러기나 약하고 늙은 기러기가 위치하도록 서로 배려하는데, 강한 기러기가 소리를 내어 우는 것은 이들을 격려하기 위해서 그런 것이다. 특히 가끔 무리로부터 뒤처지는 약한 기러기가 땅으로 내려오게 될 때에도 건강한 새가 함께 따라 내려와 다시 날 수 있을 때까지 기다려 준다고 하니 이 얼마나 감동적인 여행인가.

감사,
보다 나은 삶을 위한 숨 고르기

모니카는 아프리카 선교사 빈센트가 활동하고 있는 지역의 원주민 여성입니다. 빈센트가 마을에 처음 왔을 때 이런저런 일들을 도왔던 모니카는, 이제 빈센트의 정식 직원으로 채용되어 가족을 돌볼 수 있게 되었습니다. 그런데 그녀의 남동생과 아버지가 일자리를 구하러 다른 마을에 갔다가 사고를 당해 죽게 되었습니다. 그래서 빈센트 선교사는 그녀를 위로하기 위해 집을 찾아 갔습니다. 조그마한 집의 작은 불빛 아래에 15명의 대가족이 모여 앉아 있었습니다. 시간이 지나서야 그 방을 자세히 볼 수 있었는데, 잘 칠해진 진흙과 정돈된 바닥, 그리고 벽에 난 작은 창문이 희미한 햇빛을 전해 주고 있었습니다.

선교사 빈센트는 조의를 표하며 모니카 어머니께 위로의 말을 전했습니다. 그런데 그녀는 슬퍼하기보다는 오히려 오랫동안 넘치는 감사의 고백을 했습니다.

"모든 사람들 중에서 나는 가장 축복받은 사람입니다"

"만약 선생님이 우리 아이에게 일자리를 주지 않았다면, 우리는 구멍 난 벽에 새로운 진흙을 칠할 수 없었을 것입니다. 바람을 막아 주는 진흙을 주심에 감사합니다. 선생님이 아니었으면, 비가 오면 아직도 지붕에서 물이 새고 있었을 것입니다. 지붕을 고칠 수 있게 된 것을 감사합니다. 선생님이 아니었으면, 우리는 모기에 시달렸을 것입니다. 모기장을 살 수 있게 된 것을 감사합니다…"

감사 목록은 계속 이어졌습니다. 모니카의 가족을 위로하러 갔던 선교사 빈센트는 오히려 위안을 받고 더욱더 감사하고 겸손한 마음을 갖게 되었습니다. 감사의 능력이 미래를 이끌어 감을 알았던 것입니다.

# 오늘,
당신의 축복을 마음껏 사용하십시오

병원 지하 세탁장에서 병균에 오염되기 쉬운 세탁물을 처리하고 있는 호세. 먹고 살기 위해 어쩔 수 없이 이런 일을 하고 있다고 자책하며 그리 달갑지 않은 생활을 하고 있던 어느 날, 피로 얼룩진 침대 시트를 정리하다 누군가가 병마와의 싸움 가운데 참을 수 없는 고통으로 시트 위에 힘겹게 써 놓은 글을 발견했습니다.

"하나님, 너무 힘들고 아픕니다. 저를 데려가 주세요. 이 고통이 없는 곳으로…. 제발!"

호세는 갑자기 평소와는 다르게 자신의 머릿속에 있는 병실의 환자들이 생각나면서 마음이 아파왔습니다. 심지어 고통을 이기기 위해 홀로 치열한 전투를 벌이고 있는 이름 모를 이들을 위해 뭔가 도울 일이 없을까 하는 생각까지 하게 되었습니다. 호세는 병실에서 나온 세탁물들을 다시 바라보았습니다. 그런데 이젠 이것이 더러운 세탁물로 보이는 것이 아니라, 누군가의 고통의 흔적으로 보였습니다. 호세는 자신도 모르게 세탁물을 붙잡고 기도하기 시작했습니다. 그는 이렇게 기도하는 것이 환자들의 고통을 낫게 할 수는 없다고 생각하면서도, 교회가 아닌 이런 곳에서 고통을 당하는 누군가를 위해 사랑의 마음만 나누어도 세상은 아름답게 변할 것이라는 생각이 들었습니다.

　　호세는 이제 매일 일을 시작하기 전, 세탁물을 붙잡고 병상에 있는 자들을 위한 기도를 합니다. 그리고 주변 동료들도 함께 호세의 손을 잡아 줍니다. 병원 지하 세탁장에서 흘러나오는 이들의 사랑의 기도가 병실의 환자들에게 큰 힘이 되고 있다는 사실을 아무도 모르지만 고통은 도망가고 평안이 찾아오는 기적은 일어나고 있었습니다.

　　고통은 사랑 속에 담겨 있기에 비록 아픔이 있어도 인생은 아름다운 것입니다.

소원을 들어주소서

사랑이 시작되던 처음 그때처럼
온 세상이 만들어졌던 처음 그때처럼
사람이 아름다웠던 처음 그때처럼
모두가 서로 기뻐했던 처음 그때처럼
그때처럼 되게 하소서.

싸움이 시작되던 처음 그때처럼
온 세상이 검게 물들던 처음 그때처럼
사람이 미워지던 처음 그때처럼
거짓이 기승을 부린 처음 그때처럼
모두가 두려움에 떨었던 처음 그때처럼
그때처럼 계속되지 않게 하소서.

내 간절한 기도로 세상이 조금이라도 아름다워진다면
내 호흡이 아깝지 않도록 매 순간 이 고백처럼 살겠습니다.

천국, 언제 들어도 기분 좋은 말입니다.

"향기나는 숲"으로의 초대

어느 빈민가에 커피숍이 처음으로 생겼습니다. 그러나 마을 사람들은 모두 비웃으며 이곳을 찾지 않았습니다. 한가로이 앉아 커피를 마실 만한 마음의 여유가 없었기 때문입니다. 그런데 이곳이 무료로 운영되고, 특히 청소년들을 위한 유익한 프로그램을 진행하며 아이들에게 많은 도움을 주는 곳으로 소문이 나자 마을 사람들은 차츰 관심을 갖게 되었습니다. 이제는 동네 명소가 될 정도로 마을 사람들에게 인기 있는 장소가 된 이 커피숍의 이름은 "향기나는 숲"입니다.

"향기나는 숲"은 갓 대학을 졸업한 제이슨이 친구들과 함께 시작한 "미래 희망모임"에서 계획한 일이었습니다. 청소년 시절부터 교회를 통해 자주 이 동네를 찾아 봉사의 일을 해 온 제이슨은 이곳을 아름다운 숲과 같은 곳으로 만들기 위해 다양한 모금활동을 주도하고 친구들과 많은 준비를 한 끝에 자신의 꿈을 이루게 되었습니다. 특히 어려운 환경 때문에 미래의 계획도 세우지 못하는 청소년들에게 비록 빈민가에 살지만 결코 주어진 삶을 버려두지 않고 최선을 다해 노력할 때 어떤 꿈이든 이룰 수 있다는 확신을 심어 줄 수 있었습니다.

제이슨과 친구들은 자신들의 꿈이 서서히 이루어지는 것을 보면서 전력을 다할 만할 가치가 있다고 믿는 믿음을 현실 속에서 이루어 갈 때, 세상은 충분히 아름답게 바뀔 수 있다는 사실을 알았습니다.

Wonderful Songs

　지금도 "향기나는 숲"은 절망과 실패 속에서 미래를 잃어가는 청소년들에게 희망의 터전이 되고 있습니다.

　멋진 나무만으로 아름다운 숲이 이루어지지 않습니다. 부러진 가지, 이름 모를 들꽃, 보이지 않는 바람, 썩은 낙엽, 졸졸 흐르는 작은 개울.

　오랜 시간 동안 수많은 희생과 어울림, 그리고 아껴 주고 세워 주고 인정하는 모습 속에서 아름다운 숲은 이루어집니다.

당신이 주는 것이라면
한 방울의 물이라도 좋습니다

도시의 빌딩 숲을 걷다가
아주 오래된 예배당을 만났습니다.
잠시 숨을 고르며 기도하고 나오는데
앞마당에 덩그러니 놓인 오래된 수돗가에서
작은 새가 마른 목을 축이고 있었습니다.

문득 오랜 세월 동안 수많은 지친 영혼들이
예배당을 나오며 만났던 이 수돗가에서
한 모금의 물을 머금고 하늘을 올려다보며
새 힘 얻었을 것을 생각하니 갑자기 눈물이 쏟아졌습니다.

지친 내 삶에 용기 내라 등 두들겨 주시고
순간순간 새 힘 허락하신
그분의 긍휼이 뭉클하게 느껴진 순간이었습니다.

"내 삶의 순간순간마다 언제나 그대가 있습니다."

변함없는 기도

사랑하는 그대여,

절박한 어려움 속에서도

기쁨이 넘치고

극도의 궁핍함 속에서도

풍성함이 넘치기를 기도합니다.

"넉넉한 마음으로 그 어떤 불행도 이겨 나가십시오."

햇빛 같은 당신을 사랑합니다

"그대와의 만남은 행복한 인연입니다."

상대방의 얼룩을 지우려고 하지 말라.

그것은 하나님이 하실 일이고

단지 그 사람을 가슴에 안기만 하면 된다.

사랑은 반드시
또 다른 사랑을 위해
떠나야 합니다

내가 받은 사랑으로

한 끼의 밥이라도 먹을 수 있고

한 숨의 호흡이라도 내 쉴 수 있고

한 뼘의 공간이라도 편히 누울 수 있고

한 번의 도움이라도 받아서 고마움이 있고

행복한 시간을 지내고 있다면

사랑은

내 안에만 머물러 있을 수 없습니다.

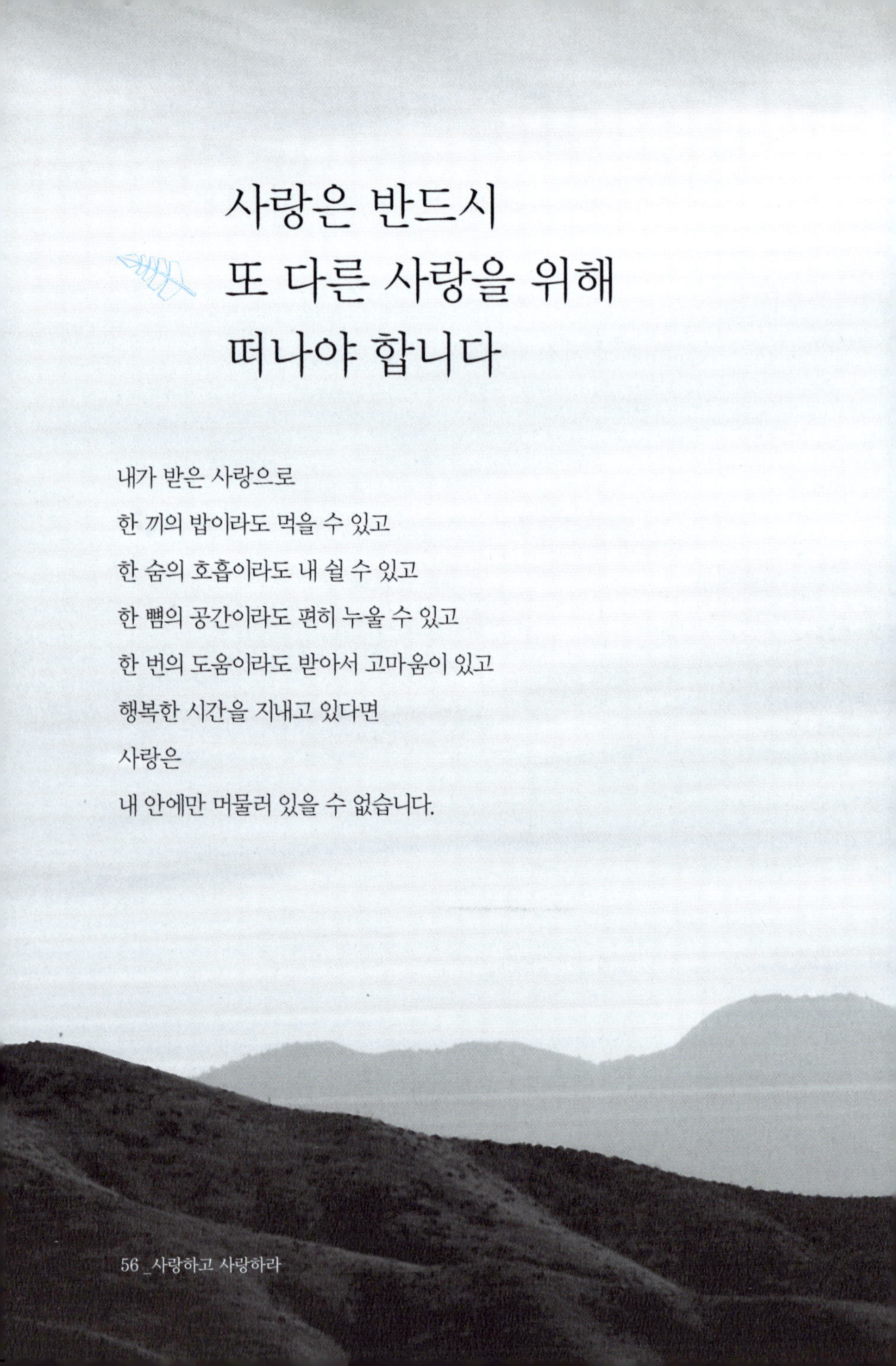

부족한 사랑 때문에
아파하고 고통스러워하며
사랑앓이를 하는 사람들과
함께 아파하기 위해
함께 고통을 나누기 위해
함께 위로하기 위해
사랑은
가야 할 자리를 향해 떠나야 합니다.

아침 햇살이 환하게 세상에 내려와
세상을 감싸 안듯
영혼의 아픔과 외로움을 향해
아낌없이 모든 것을 내어 주는 사랑은
자격이 있습니다.

"우리에게 허락된 인생을 통해 생명의 존귀함과
삶의 참 의미를 발견하고 추구해 나가야 한다."

청춘지애

영리하고 성격 좋은 헨리가 고교 졸업 후 대학에 가지 않고 대형 슈퍼마켓 상품관리원으로 취직할 때만 하더라도 가족들의 반대는 심했고, 주위의 많은 사람들은 안타까워했습니다. 하지만 헨리는 어릴 때부터 정리정돈을 잘 해서 사람들로부터 받는 칭찬의 기쁨과 만족감을 이미 잘 알고 있었습니다. 그래서 고등학교 졸업반 여름에 파트타임으로 동네 슈퍼마켓에서 일을 하면서 '어쩌면 자신의 평생 직업이 런 일이 아닐까' 하는 생각을 하게 되었습니다. 헨리는 자신이 생각했던 것처럼 마켓에서 일하며 자주 흐트러지는 상품 진열장을 정리해 놓습니다. 그러면 고객들은 기분 좋은 표정으로 편하게 상품을 구입할 수 있습니다. 이것은 헨리로 하여금 이 일에 대한 자부심을 갖게 합니다. 더군다나 다양한 종류의 상품에 대해 잘 선택하지 못하는 손님에게 조언을 해 줄 때 느끼는 흡족한 마음은 스스로도 신기할 정도입니다.

이제 헨리는 상품만 관리하지 않습니다. 언젠가부터 학교 친구들이 물건을 사러 와서 헨리에게 자신의 이런저런 일들에 대해 상의하기 시작했고, 헨리는 친구들의 말을 잘 들어주며 인생 상담원이 되어 주고 있습니다. 마켓에서 일하며 경험했던 많은 사람들과의 관계와 대화를 바탕으로 정리정돈의 대가가 이제는, 인생 정리정돈의 대가로 친구들에게 도움을 주고 있는 것입니다.

Great Attitude

헨리가 친구들에게 자주 말하는 인생교훈은 이렇습니다.

"어느 누구도 잘못 태어난 인생은 없습니다. 다만 가끔 삶이라는 진열대에서 흐트러질 뿐입니다. 그때마다 바로 잡고 자신의 특성을 잘 살리면 아주 훌륭한 작품으로 인생을 멋지게 살아갈 수 있습니다."

친구들은 자주 마켓에 와서 헨리와 대화하기를 좋아합니다. 오늘도 아이스크림을 산 어느 친구는 헨리와 이야기하느라 녹아 버린 아이스크림 값을 지불해야 하지만요….

눈부신 그대, 내게 힘이 됩니다

하와이 어느 테마공원에서 만난 오웬,
카누를 운전하며 안내하는 일을 하고 있었습니다.
해맑은 미소와 멋진 몸매가 눈에 띄는 오웬은
관광객들에게 인기가 많았습니다.

더군다나 마치 배우가 연기를 하듯 자연스럽게 안내를 하며
성실하게 일하는 모습은 너무 멋졌습니다.

오웬에게는 아마 더 멋진 꿈이 있을 것입니다.
더 큰 계획이 있을 것입니다.
그런데 지금 오웬이 하고 있는 일이
가장 멋지고 아름답게 보입니다.
아니 오웬은 어떤 일을 해도 똑같을 것입니다.

열정이 사라지고 게을러지고 지칠 때마다
오웬을 생각합니다.

✚

"하나의 목적에 자신의 온 힘과 정신을 다해
몰두하는 사람만이 진정 탁월한 사람이다.
이런 까닭에 탁월해지는 데는
그 사람의 모든 것이 요구된다."_아인슈타인

Now & Here

전해져 오는 보물

인격은
마음의 씀씀이
생각의 깨끗함
행동의 정직함
바라봄의 자세

인격은
사람의 진정한 얼굴입니다.

성실은
희생의 결과
육체의 진실
마음의 고백
시간의 희생

성실은
사람의 진정한 이름입니다.

올바른 인격이 세상을 책임집니다.
성실한 행동이 변화를 일으킵니다.

인격과 성실은
사람의 소중한 가치입니다.

행복하지 않은 날은
단 하루도 없습니다

정원관리사인 야곱 할아버지는 일을 마치고 떠날 때면 항상 집주인에게 '인생메모'를 남깁니다.

"오늘은 데이지 꽃이 활짝 피었습니다. 아침에 일어나 향기를 맡아 보세요. 당신의 하루가 행복할 것입니다. 매일매일 향기로운 삶이 되세요."

"사과나무에 열매가 달렸네요. 신문지로 잘 덮어놨습니다. 나중에 다 자

라면 가족과 함께 드십시오. 하지만 자주 살펴봐 주세요. 물도 잘 주시고요. 아이들도 마찬가지입니다. 자주 살펴봐 주어야 합니다."

"잔디가 함께 놀아 달라고 하네요. 아이들과 함께 주말에 잔디에서 놀아 주십시오. 가족의 행복은 함께 뒹굴며 웃는 것이지요."

야곱 할아버지는 어릴 적 부모가 이혼을 하고 각각 재혼을 하면서 버려지듯 할머니와 단 둘이 살게 되었다고 합니다. 부모의 관심과 가족의 행복 속에 살지 못했던 불우한 환경에서 살아온 할아버지는 젊을 때부터 정원관리 일을 하면서 나름대로 가정의 소중함에 대한 원리를 깨달았고 행복한 가정까지 이룰 수 있었습니다. 그래서 자신이 관리하는 집집마다 행복한 가정이 되도록 가정 행복론이 담긴 메모를 남기고 있는 것입니다.

오늘도 저녁 식탁에서 야곱 할아버지의 메모를 읽으며 행복한 가정을 꿈꾸는 소리가 여기저기서 넘쳐납니다.

서로에게 필요한 존재가 된다는 것은 놀라운 일입니다.
누군가 나를 필요로 한다는 사실보다 더 가슴 벅차고
희망적인 일은 세상에 없습니다.
언제나 행복은 나로부터 시작됩니다.

언제나 사랑스럽고
그리운 사람이고 싶습니다

바닷가 산책로를 걷다 잠시 쉬려던 의자에서
꽃다발과 사랑의 고백이 쓰인 편지를 발견하고는
차마 앉지 못하고
그저 서서 깊은 사랑만 느꼈습니다.

"우리의 사랑하는 폴리 클래스를
가족과 친구들이 기억하며...(1981-1993)"

비록 짧은 열두 해를 살다가 사랑하는 이들을 떠났지만,

얼마나 많은 기쁨을 주었기에
얼마나 사랑스러웠기에
얼마나 그리운 사람이기에

이토록 아름다운 사랑을 받을까 생각하니
소녀가 참 부러웠습니다.

"누구든지 당신을 만나면 행복을 느끼게 하십시오."

사랑은 아픔으로 끝나도
아름답습니다

강력 범죄사건을 처리하는 여성 경찰관 안젤라는 하루 일과를 마치고 집으로 돌아가면 언제나 일기를 씁니다. 그녀는 그날에 겪은 사건과 사람들에 대한 정보 그리고 하루에 있었던 이런저런 이야기들을 지난 10년 동안 일기장에 기록해 왔습니다.

처음 경찰관이 되었을 때는 봉사와 희생이 명예로운 일이라고 여겼지만, 지금은 마음이 점점 약해지는 자신의 모습 때문에 언제까지 이 일을 계속하게 될지 두렵기만 합니다. 특히 얼마 전 겪은 10대 소년 매튜의 죽음은 안젤라의 기억에서 사라지지 않고 마음의 일기장에 남아 있습니다.

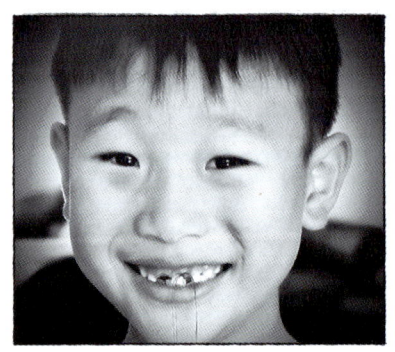

매튜는 남의 집 뒷마당에 있는 허름한 차고를 개조한 단칸방에서 병든 어머니와 함께 살고 있었습니다. 정부 보조금의 최소 생활비로 어렵게 살아가고 있던 어느 날 저녁, 어머니의 생신날이었는데 유독 이 날 어머니는 어릴 적 먹던 땅콩과 사과주스가 먹고 싶다고 했습니다. 매튜는 돈이 없어 케이크도 해 드리지 못해 마음이 아팠기에 땅콩과 사과주스만큼은 꼭 해 드리고 싶었습니다. 그래서 그는 결국 땅콩과 사과주스를 훔칠 생각에 마켓에 들어갔지만 그 현장에서 주인에게 들키고 말았습니다. 마침 마켓 인근을 순찰 중이던 안젤라는 주인의 고함소리에 마켓으로 뛰어갔고 매튜는 안젤라를 보자 도망쳤습니다.

다급해진 상황에서 매튜는 공사 중이던 빈 건물로 들어가다 기둥을 쓰러뜨렸고 쌓아 놓았던 벽돌더미에 깔려 숨지게 되었습니다. 사건 후 안젤라는 매튜의 어머니와 학교, 그리고 동네 사람들에게서 착실하고 인기 많은 매튜에 대한 이야기를 듣게 되었습니다. 매튜는 어릴 때부터 동네에서 소문날 정도의 효자로 병든 어머니의 유일한 희망이었습니다. 하지만 이제는 눈물의 자식이 되었습니다.

매튜의 실수를 생각하면 안젤라의 마음은 괴롭기만 합니다. 특히 매튜의 주머니 속에서 직접 만든 생신카드가 발견되었는데, 어머니에 대한 사랑의 고백이 담겨 있었습니다.

"엄마, 당신의 희생이 없었으면 나는 생명도 희망도 없었을 것입니다. 힘든 우리의 생활 속에서도 제가 웃을 수 있었던 것은 엄마의 사랑 때문입니다.

오늘 엄마 생신날에 제가 해 드릴 선물은 없지만 엄마를 꼭 안아 드리고 싶습니다."

매튜는 어머니의 생신날 땅콩과 사과주스를 먹고 싶어 하는 어머니의 안쓰러운 모습에 그만 정신없이 마켓으로 달려갔던 것이었습니다. 주인의 고함 소리에 이내 정신을 차렸지만 겁이 나서 도망쳤고, 매튜는 카드도 전해 주지 못 한 채 어머니 곁을 떠난 것입니다.

"사랑은 아프고 어렵고 힘들어도 사랑입니다."

햇살 너머 다가오는

축복을 바라보는 행복,

결코 놓치지 말아야 합니다!

용서보다 더 큰 선물은 없습니다.
사랑보다 더 큰 기쁨은 없습니다.
은혜보다 더 큰 기적은 없습니다.

사랑이 찾아온 날,
나는 새롭게 태어났습니다

치열한 삶 속에 주저앉아
깊게 파인 내 영혼의 아픔을 부둥켜안고 있을 때
날 위로하고 치유한 것은
결국
사랑이었습니다.

사랑 때문에
나는 기적이 되었습니다.

사랑을 만나고
나는 소중한 존재가 되었습니다.

순간의 삶을 살아내는 그대도
한 줌의 공기와 같은 사랑의 선물로
한 숨의 호흡과 같은 사랑의 기적으로
위대한 영혼,
위대한 인생이 되길 기도합니다.

가장 빛나는 생애 한순간

올바르게 산다는 것은
이름 하나 남기려고
몸부림치지 않고
하나라도 더 가지려고
애쓰지 않는 것입니다.

바보라는 소리를 들어도
올바른 마음으로 하늘을 올려다보고
올바른 태도로 고개를 숙여 세상을 살피는
올바른 사람으로 빛나는 길을 걷는다면
그것처럼 멋진 삶이 또 어디 있겠습니까.

"참다운 정열이란 아름다운 꽃과 같다.
그것이 피어난 땅이 메마른 곳일수록
한층 더 보기에 아름다운 것이다." _발자그

마음이 눈 뜰 때,
행복은 꿈꾸기 시작한다

케이티는 3살 때 청소용 약물이 눈에 들어가 시력을 잃었습니다. 몇번에 걸친 큰 수술로 그나마 특수 안경을 쓰고서야 겨우 사물을 분간할 정도가 되었습니다. 지금 그는 자주 찾았던 동네 안경점에서 일하는데 친절한 성격으로 인기가 많습니다. 특히 어릴 때부터 좋지 않은 시력 때문에 친구 사귀기가 어려워 홀로 집에서 지내는 시간이 많아 외로움이 무엇인지 잘 알고 있는 케이티는 안경점을 찾아온 사람들과 대화하면서 그 사람의 속마음을 신기하게도 잘 파악하곤 합니다. 그래서 그런지 사람들은 케이티와 대화하면서 이런저런 인생의 외로움을 편하게 말합니다. 그럴 때마다 케이티는 시력을 잃고 몇 번의 어려운 수술의 과정을 거치며 살아왔던 지난 힘든 시간 속에서도 희망을 잃지 않고, 또 다른 세상을 바라볼 수 있었던 자신의 이야기를 나눕니다.

아침마다 눈을 뜨면 바로 안경을 쓰면서 흐릿하지만 눈에 보이는 모든 사물에 대해 감사하고, 자신에게 주어진 세상의 모든 것에 대해 감격으로 받아들이는 태도가 희망을 주었다는 케이티의 이야기는 많은 사람들에게 용기를 줍니다. 길을 걸을 때 시력이 좋지 않아 한 걸음 한 걸음 내딛고 나아가

Listen & Hear

면서 정확한 길을 찾아가는 것이 불안하고 불편하기도 하지만, 나름 긴장되고 기대되는 이런 자신의 삶도 행복이라고 말하는 케이티… 언젠가 자신 앞에 나타날 배우자도 희망 속에 기다리고 있다고 말하며 마음의 눈으로 서로 바라볼 수 있는 사랑을 믿고 있다고 합니다.

삶 속에서 부딪히는 불행이 비록 지금은 당황스럽지만, 시간이 지나 익숙해질수록 행복이 됩니다. 진정한 바라봄은 눈이 아니라 마음과 사랑으로 보는 것입니다.

마음이 눈 뜰 때,
행복은 꿈을 꾸기 시작한다.

진리가 꽃피는 그날까지

간절함의 소망이 사라진, 포기의 시대
희생의 마음이 사라진, 자만의 시대
겸손의 향기가 사라진, 다툼의 시대
신뢰의 관계가 사라진, 의심의 시대
소중함의 가치가 사라진, 소비의 시대

그럼에도 불구하고
축복하고 사랑하고 포기하지 않으며
생명의 씨앗을 뿌리고 가꾸며 살아갈 때
세상은 온통 사랑으로 가득할 것입니다.

비록 이름 모를 사랑이 될지라도
그대와 함께 이루어 가는 희망의 땀 흘림은
내 인생의 가장 거룩한 순간입니다.

✚

"유행이 내 자신을 변화시키지 못하게 하라."

나는 희망입니다

어떤 어려움도 두려워하지 않겠습니다.

좌절과 외로움을 넘어서겠습니다.

절망의 유혹을 이겨 나가겠습니다.

목숨을 건, 희생이 아깝지 않은

사명의 삶을 살겠습니다.

넘치는 가난

인생은
검소하지만 누추하지 않고
화려하지만 사치스럽지 않게 살아야 한다.

인생은
규칙에 집착하지 말고
규칙에 새겨진 의미를 발견하며 살아야 한다.

축복의 소나기

도넛은 1993년 당시, 미국의 경제공황으로 먹을 것이
부족하던 때 아침식사 대용으로 만들어진 것입니다.
일터로 나가는 근로자들은 도넛을 먹을 때마다
'성공을 위해 목표를 전체에 맞추고 열심히 일해야지'
하고 생각하며, '방심하여 중간에 뚫린 구멍을 바라보면
실패한다'는 교훈을 마음에 새겼다고 합니다.

피터는 아버지가 처음 도넛가게를 열었을 때,
바로 부자가 된 것처럼 너무 좋았습니다.
도넛가게는 부자가 되는 지름길이었기 때문입니다.
그런데 아버지는 자주 사람들에게 돈을 받지 않고
도넛을 그냥 나누어 주었습니다.
피터는 궁금해서 아버지께 물어보면 아버지는 그저 웃음만 지으셨습니다.
그러던 어느 날 새벽, 아버지는 가게에서 쓰러져 갑자기 세상을 떠났습니다.
피터가 아버지를 이어 도넛가게를 맡은 것은 장례식에 찾아온 수많은 사람
들을 만난 이후부터였습니다. 이들은 그동안 아버지 때문에 어려운 생활 가
운데서도 용기를 잃지 않고 열심히 살아왔다고 말했습니다. 피터의 아버지는
이른 아침 일자리를 구하기 위해 집을 나서는 그들에게 도넛을 나누어 주면
서 희망찬 아침인사로 용기를 주었던 것입니다.

"오늘 하루가 당신에게는 가장 훌륭한 날입니다.
비록 일자리를 구하지 못한다 할지라도 실망하지 말고 돌아오세요.
가족을 위해 이른 아침 집을 나선 당신은 이미 성공한 사람입니다.
당신을 위해 용기와 희망의 도넛을 드립니다. 돈은 받지 않겠습니다.
당신이 삶을 포기하지 않고 이른 아침 집을 나서는 순간이
바로 이 도넛의 값을 지불한 것입니다. 힘을 냅시다!"

사실 피터의 아버지는 돈을 많이 벌려고 도넛가게를 시작한 것은
아니었습니다. 이민자의 아들로 어렵게 생활하며 공부할 때
도넛가게에서 일한 적이 있었는데, 도넛이 아침마다
많은 사람의 인생에 친구로 함께 한다는
사실을 알았습니다.(다음 계속)

(이어서)커피 한 잔과 함께 먹는 도넛은 미래에 대한
행복을 바라보게 하는 힘이 있다고
믿는 사람들이 많았기 때문입니다.
피터의 아버지는 반드시
도넛가게를 열어 일자리를 잃은
사람들에게 희망의 도넛을 나누어
주겠노라 다짐했던 것입니다.
아버지의 이 따스한 마음이 결국
피터에게까지 전해져 이제 피터가
굽는 도넛은 일자리를 잃은 사람들
뿐만 아니라, 동네 노인들과 노숙자들
에게도 나누어지고 있습니다.
그래서 피터의 도넛가게 이름은
"희망의 도넛"입니다.
피터도 아버지처럼 도넛을
나누며 인사를 합니다.

"당신에게 허락된 오늘,
축복은 소나기처럼 내릴 것입니다."

삶의 조각들을 놓치지 말라

가격이 1억 원이나 되는 면도기가 나왔다.
'이리듐 면도기'(iridium razor)
모든 것을 다 갖고 있는 부자를 위해 만들었다는 이 면도기는
손잡이가 우주에서 운석이 떨어져야 구할 수 있다는 이리듐이고
면도날은 인조 사파이어. 칼날은 10년 정도는 갈지 않아도
거뜬히 쓸 수 있고, 그 이후에는 무료로 갈아 주는,
대를 물려 주는 면도기라고 한다.

삶의 기억 속에 어떤 것들이 남아야 하는가.
후대에게 어떤 것들을 남겨야 하는가.

누림의 모양은 다양하다. 하지만 가슴에 남는
기억은 진정한 삶의 조각들이
반짝거리며 지금 내 삶을 웃음 짓게
하는 것들이다. 놓치지 말라.

얻은 것을 간직하는 것은
새로운 것을 획득하는 것만큼
귀중한 것이다. _존 캘빈

소중한 약속

언제든지 희생하기 위해
사랑을 준비하며 살겠습니다.

언제든지 받아들이기 위해
용서를 준비하며 살겠습니다.

언제든지 내려놓기 위해
감사를 준비하며 살겠습니다.

언제든지 열정의 삶을 살기 위해
성실을 준비하며 살겠습니다.

언제든지 가슴 벅찬 시간을 보내기 위해
부끄럽지 않은 태도를 준비하며 살겠습니다.

✚

희망은 바라보며 주저앉아 있는 것이 아니라
희망을 향해 달려가는 것입니다.

최선을 다하는 그대가
최고입니다

그대는 열정입니다.

그대는 능력입니다.

그대는 희망입니다.

지쳐 쓰러져도 담대함으로 일어나십시오.

멈추지 말고 더욱 앞서 가십시오.

그대의 빛나는 모습으로

마음껏 번성하고

이 땅을 축복하십시오.

그대는 세상의 주인공입니다.

무난하게 살면 죽은 것과 같습니다.
확실하게, 다르게 살아야 합니다.

반드시 오고야 말 행복

　스텔라는 몇 년 전, 5살된 아들을 사고로 잃고 정신적으로 큰 충격을 받았습니다. 특히 아들이 좋아했던 초콜릿은 쳐다보기조차 괴로울 정도였습니다. 그런데 친구가 스텔라를 위로하기 위해 전해 준 초콜릿은 뭔가 달랐습니다. 모양도 하나하나 모두 다르고 포장도 색달랐고 맛도 신기했습니다. 마음이 포근해지고 눈물이 나오는데도 슬프지 않고 오히려 위로를 받는 듯했습니다. 너무 이상한 일이라 생각하고 친구에게 그 초콜릿에 대해 물어보니, 역시 아들을 잃은 어느 엄마가 만든 초콜릿으로 스텔라를 위해 눈물과 아쉬움, 그리고 사랑과 위로를 담아 만든 것이라고 했습니다. 스텔라는 이내 기운을 차리고 다시 새로운 삶을 살기 위해 노력하였습니다. 가슴에 아들을 묻었지만, 자신이 위로를 받은 것처럼 다른 상처 입은 사람들을 위로하기로 했습니다. 그래서 초콜릿 만드는 법을 정식으로 배워 "스텔라의 달콤한 인생 초콜릿" 가게를 열었습니다.

물론 스텔라의 초콜릿은 아주 특별합니다. 반드시 주문을 받아 사연과 의미가 담긴 특별한 초콜릿을 만들어 줍니다. 오직 한 사람만을 위해 축하하고 위로하며 용기를 주는, 사랑의 마음이 담긴 초콜릿입니다. 최근 스텔라는 평소 초콜릿을 좋아했던 어머니의 임종을 앞둔 아들이 주문한 초콜릿을 잊지 못합니다.

그는 20대 젊음의 시기에 한순간의 실수로 교도소에 수용되었는데, 어머니는 자주 먼 길을 찾아오시면서 항상 한 알의 초콜릿을 교도관에게 특별히 부탁해서 자신에게 전해 주었다고 합니다. 초콜릿을 감싼 포장지에는 언제나 "아들아, 사랑한다!"는 어머니의 마음이 쓰여 있어서 자신이 새로운 인생을 향한 다짐을 더 잘할 수 있었다고 합니다. 그리고 이제 어머니가 세상을 떠날 시간에 많은 후회와 아쉬움이 가득하지만, 마지막으로 자신이 받은 어머니의 사랑을 되돌려 드릴 수 있는 초콜릿을 만들어 달라는 것이었습니다. 스텔라는 사연을 듣고 아들의 사랑이 가득 담긴 한 장의 초콜릿 그림을 준비했습니다. 숲 속의 오솔길에서 손을 잡고 걷는 어머니와 아들의 모습이었습니다. 한 번도 아들의 손을 놓지 않고 함께한 어머니의 사랑, 아들의 마음속에 떠나지 않은 어머니를 표현한 것입니다. 아들은 이 초콜릿 그림으로 어머니의 마지막을 배웅했습니다.

스텔라는 오늘도 사랑으로 치유되는 초콜릿의 주인공을 기다리고 있습니다.

이 순간만큼은
깨끗한 마음으로
그대를 만나고 싶습니다.

당신의 눈물 속에 그려진 사랑을 봅니다.
아름답고 순수한 그 속에서
나는 평안한 마음을 갖습니다.

당신은 언제나 좋은 나의 의미,
그래서 난 당신을 잊을 수 없습니다.

바보같다는 말을 들으면서도
당신을 사랑하는 나,
당신이 그리 좋은 걸 어떡합니까.

당신이 내 곁에 있다는
당신이 내 안에 함께 있다는 사실 하나만으로도
나는 살아갈 이유를 찾습니다.

내 안에 그대가
그대 안에 내가 있으므로
행복이 있고 사랑이 있고 기쁨이 가득합니다.

눈물겨운 사랑의 이야기를 쓰는 것 같은
당신과 나의 사랑은 영원한 베스트셀러입니다.

헤어짐은 두렵지 않습니다

그대 곁에 있다는 것만으로도 나는 행복했습니다.
그저 아무 말을 하지 않고도 수많은 말을 나눈 것 같았지요.

그대가 내 곁에 그냥 있어 주는 것만으로도 나는 뛸 듯이 좋았습니다.
그저 무엇이든지 주고 싶은 마음에
수많은 의미들을 선물하고 싶었습니다.

비록 그대가 곁에 없더라도 나는 실망하거나 쓰러지지 않을 겁니다.
이별이란 누구에게나 다가오지만
우리의 사랑은 이별을 두려워하지 않습니다.

헤어짐이 두렵다면 나는 그대와 만나지도 않았을 겁니다.

내가 그대 곁에 있고 내 곁에 그대가 있으므로.

"희망이 움틀 날을 기다리며..."

거장이 사는 법칙

정직의 자리
바른 것을 지키기 위해 포기해야 할 것은 바로 버려야 한다.
기준과 원칙을 지키면 모든 것이 제자리로 돌아오게 된다.

생활의 기초
기쁨을 얻기 위해서는 불평하지 말고 해야 할 일을 해야 한다.
후회 없는 인생의 발자국을 남기려면 똑바로 걸어야 한다.

성공의 기준
자기 권리만 주장하지 말고 다른 사람의 입장도 존중해야 한다.
서로 내어 주고 서로 인정할 때 자연 앞에 부끄럽지 않게 살 수 있다.

나눔의 이유
사람보다 더 소중한 것은 없다.
아낌없이 나눌 때 쓰러진 영혼이 다시 일어서는 기적이 일어난다.

시간의 가치
나를 위해 소모하는 시간을 아껴 다른 이의 소원을 돕는다.
인생은 시간을 사용하는 것이 아니라 시간을 나누며 사는 것이다.

희생의 선물
무의미한 일에 마음을 빼앗기지 마라.
지구는 구하지 못하더라도 가족은 책임져야 한다.

그대가 서 있는 곳에서, 그대가 가진 것으로,
그대가 할 수 있는 최선의 일을 하라.

루즈벨트

나는 위험지대와 안전지대,
그리고 타협지대 중에서 어느 곳에 있는가.

정신 차리고 삽시다

나가는 문만 있어서 당황스러웠습니다.

잠시 서서
나가는 이들의 뒷모습을 통해
정신없이 살아온 나를 보았습니다.

어차피 어딘가를 향해 가는 것이 인생이라면
제대로 살아야 함을 다짐해 봅니다.

지금이라도 내 자신을 돌아보며
흐트러진 마음을 하나로 묶을 수 있어서
참 다행이다 싶었습니다.

Balance is Everything!

～ 천사의 세상살이 ～

이삭은 일찍 부모님을 여의고 혼자 외로이 살고 있는 언어 장애를 가진 청년입니다. 마땅한 일자리를 구할 수 없어 힘들어하던 어느 날, 병원에 입원한 친구를 문병하기 위해 현관에 있는 꽃가게에 들렀습니다. 다양한 꽃바구니를 고를 수 없어 고민하는데 꽃가게 주인 할머니가 오셔서 병실의 친구에 대해 이것저것 물어 보시고는 바로 꽃바구니 하나를 만들어 주셨습니다. 거기에 친구에게 주라고 하시면서 "이 꽃은 너를 닮았어. 이 꽃처럼 다시 환하게 웃어야 해."라는 내용의 카드까지 써 주셨습니다. 그런데 이삭은 이상하게도 행복한 느낌이 들면서 마치 자기의 병이 나은 것처럼 마음이 편안해졌습니다. 병실의 친구도 꽃바구니와 카드를 받고 역시 어린아이처럼 웃으며 좋아했습니다.

이삭은 집에 돌아와서도 친구가 "오늘 너무 힘든 치료를 받았는데, 네 선물로 아픔이 사라지고 병이 다 나은 것 같아."라고 한 말이 마음에서 떠나지 않았습니다. 이삭은 다음 날 다시 병원의 꽃가게를 찾아갔습니다. 종이에 글을 써 가며 할머니와 대화를 나누었습니다. 역시 혼자 살고 있던 할머니는 예전에 이 병원에 입원한 적이 있었다고 했습니다. 아무도 찾아오지 않는 병실에서 너무 외로워 현관에 있는 꽃가게에서 할머니는 스스로 꽃을 주문하고 받았다고 합니다. 그리고 나중에 이 꽃가게를 인수해서 병실의 환자들에게 마음의 친구가 되는, 병원의 꽃 천사가 되기로 결심하였습니다.

이삭은 병원의 여러 사람들로부터 할머니가 만든 꽃과 함께 써 주는 카드의 내용이 많은 사람들에게 위안이 되기도 하고 몸의 고통도 사라지게 했다는 이야기를 들었습니다. 이삭은 너무나 큰 감동을 받고 할머니의 꽃가게에서 일하게 해 달라고 떼를 썼습니다. 이삭은 할머니에게서 세상에 내려와 아픔을 나누는 천사마음을 보았던 것입니다.

이삭이 할머니와 지낸 지 얼마 되지 않아 할머니는 다시 지병으로 병원에 입원하게 되었습니다. 그래서 어쩔 수 없이 이삭이 꽃가게를 맡게 되었는데, 할머니는 이삭에게 천사의 꽃을 만드는 법을 전수해 주었습니다. 그리고 곧 세상을 떠났습니다. 할머니는 세상에서 가장 아름다운 꽃은 진심이고 용서이며 나눔이라는 마지막 교훈을 이삭에게 남겨 주었습니다.

이제 이삭은 이 병원의 제 2대 "꽃 천사"가 되었습니다. 이삭의 꽃바구니는 언제나 인기가 많습니다. 이삭이 쓰는 카드의 내용이 환자의 마음을 움직이고 가족의 아픔을 위로하기 때문입니다.

당신은 꽃보다 아름답습니다.
향기롭습니다. 당신은 선물입니다.
당신이 있어 참 행복합니다.

찢어진 인생,
희망을 수선하는 장인이 되다

이집트 출신 압둘은 인생의 화려한 시작을 꿈꾸며 20살 때 기회의 땅 미국에 왔다. 어릴 때부터 그의 명석함은 동네에서 수재로 인정받을 정도였지만, 나이 40세가 되도록 변변한 직업도 없이 하루하루 막일을 하면서 살고 있는 자신에게 희망이란 단어는 어울리지 않는다고 한탄하며 살고 있었다. 자신만만했던 그의 인생은 시간이 갈수록 허무함으로 무너지고 있었다. 그러던 어느 날, 압둘은 동네 이발소에 갔다가 "야곱 이발소의 희망 고객" 이라는 상패와 상금을 받았다. 이발사 야곱이 준비한 깜짝 이벤트였다. 야곱은 자신의 이발소를 찾는 손님들 중에 유난히 삶의 어려움 가운데 있는 사람을 정해 희망을 전하는 일을 하고 있었다. 야곱은 예전에 홈리스 생활을 할 정도로 힘든 시간을 지낼 때, 우연히 찢어진 성경책을 주워 읽다 예수님이 모든 사람의 희망이 된다는 메시지를 접하고는 용기를 내어 홈리스 생활을 끝내고 이발 기술을 배워 지금에 이르렀다. 그리고 야곱은 평생 오백 명의 사람들에게 희망을 전하는 이발사가 되겠다고 예수님과 약속을 했다.

이제 300번째 희망의 주인공이 압둘이 되었다. 압둘은 야곱을 부둥켜안고 그동안 힘들었던 시간들을 생각하며 울음을 쏟아냈다. 야곱은 흐느끼는 압둘을 감싸 안으며 자신에게 희망을 준 예수님을 생각하고 있었다. 그리

고 압둘에게 힘들어 삶을 포기하고 싶을 때마다 희망상패를 바라보며 용기
를 내라고 말했다. 오늘도 야곱의 가위손은 또 다른 희망의 주인공을 기다
리고 있다. 야곱의 꿈은 이렇게 착하게 진행되고 있다.

가슴으로 사는 자

다른 사람보다 더 많이 사랑한다고
똑같이 요구하지 않겠습니다.

다른 사람보다 더 많이 가지고 있다고
행패를 부리지 않겠습니다.

다른 사람보다 더 많이 알고 있다고
아무 때나 나서지 않겠습니다.

다른 사람보다 더 많이 경험했다고
우쭐대지 않겠습니다.

다른 사람보다 더 많이 착하다고
함부로 정죄하지 않겠습니다.

다른 사람보다 더 많이 강하다고
쓸데없이 힘쓰지 않겠습니다.

다른 사람보다 더 많이 고생했다고
툴툴거리지 않겠습니다.

다른 사람보다 더 많이 앞서 갔다고
자만하지 않겠습니다.

다른 사람보다 더 많이 노력했다고
당연해하지 않겠습니다.

다른 사람보다 더 많이 더 많이
고개 숙이고 살겠습니다.

변화하지 않으면 변질됩니다.

서로 돌보며 세워 주는 우리

화려하게 살기보다는 누구와도 잘 어울리며 살아야 합니다.

혼자 편하게 살기보다는 불편해도 함께 살아야 합니다.

부부만 아니라 누구나 서로 돕는 배필로 살아야 합니다.

행복은 낮은 울타리에서 함께함으로 만들어 가야 합니다.

우리가 함께하지 않으면 나는 혼자 존재할 수 없습니다.

축복의 사람

냄새나는 곳에

한 송이 꽃으로 피어난다 할지라도

내 향기로 외롭고 힘든 영혼이

미소만 지어도 행복하겠습니다!

끊임없이 흐르는 좋은 마음

시골의 어느 작은 우체국에 사람들이 몰려와 배달문제로 항의하는 작은 소동이 일어났습니다. 얼마 전부터 우편물이 서로 다른 집으로 배달된다는 것이었습니다. 우체국에서는 곧바로 이 지역 배달 업무 담당자인 레베카를 불러 문제를 파악했습니다.

레베카는 두 아이의 엄마인데, 지난 10년 동안 성실하게 일해서 마을사람이라면 누구든지 레베카를 만나면 마음이 훈훈해지는 가족과 같은 집배원입니다. 그런데 평소 이런 실수를 하지 않았던 레베카가 최근 다른 지역에 사는 엄마의 죽음으로 슬픔 속에 있는 것을 알았습니다. 그녀는 주위 사람들에게 알리지 않고 혼자 조용히 장례에 다녀왔지만, 며칠 동안 가슴에서 엄마의 사랑이 잊히지 않아 눈물을 흘리며 배달을 하다 그만 실수를 한 것입니다. 그래서 우체국장은 레베카 몰래 담당지역 마을 주민에게 다음과 같은 내용의 편지를 보냈습니다.

"우리의 사랑하는 레베카 집배원이 얼마 전 어머니를 잃고 슬픔 속에 있습니다. 그녀를 위로해 주시고 당분간 배달 사고가 있더라도 이해해 주십시오. 그동안 그녀 때문에 위로를 얻은 우리가 이제는 그녀를 위로해 주어야겠지요."

마을 사람들은 눈에 띄지 않는 방법으로 레베카를 위로하고 마음을 나누기 위해 애를 썼습니다. 덕분에 레베카는 빨리 슬픔을 거두고 오히려 마을의 여러 노인들을 자신의 부모님으로 모시고 살아야겠다는 생각을 했습니다. 그리고 친구들과 함께 혼자 사는 노인들을 위한 "레베카의 부모님 우체국"을 시작했습니다. 이 우체국에서는 외롭게 홀로 사는 노인들에게 정기적으로 편지를 보내드리고, 도시로 떠나간 자녀들이 자주 부모님을 찾아와 돌볼 수 있도록 여러 행사를 진행하고 있습니다. 물론 노인들의 집도 방문해서 여러 일을 돕기도 합니다. "레베카의 부모님 우체국"은 인생의 마지막 시간을 보내는 노인들의 친구입니다.

"오늘 나는 행복을 배달하는 집배원이고 싶습니다."

거름과 꽃

나는 꽃이 되고 싶었네. 아름다운 꽃이 되고 싶었네.

그러나 하늘은 내게 거름이 되라고 했지.

나는 거름이 되는 것이 너무도 싫었네.

하지만 냄새나는 거름이 되어 나는 땅속에 묻혔네.

거름이 물을 타고 줄기를 자라게 하고 잎을 자라게 하고

아름다운 꽃을 피웠네.

아, 나는 알았네.

내가 꽃이 되었다는 것을.

나와 꽃이 하나라는 것을.

무명

 부르심

"사랑할 수밖에

사랑하지 않을 수 없는 사랑을 가지고 살아가자."

우리는 놀기 위해

그저 꿈만 꾸기 위해

표류하기 위해 이곳에 온 것이 아니다.

우리는 해야 할 힘든 일이 있고 들어야 할 짐이 있다.

그 투쟁을 피하지 말고 받아들여라.

그것이 신의 선물이다.

새프츠베리 경

설계도 없는 인생은 없습니다

어느 인생이든 아무렇게나 지어진 인생은 없습니다.

어느 인생이든 곧 무너지고 말 무허가 인생은 없습니다.

어느 인생이든 가치가 없어 허물어야 할 인생은 없습니다.

스스로 쓸모없는 인생이라 단정짓지 마십시오.

그대는 아주 멋지게 지어져야 할 세상의 미래입니다.

당신과 함께라면 나는
모든 것을 감당할 수 있습니다

왼손으로 악수합시다.
그쪽이 내 심장과 가까우니까.

지미 핸드릭스

상처를 가지고 있음에도 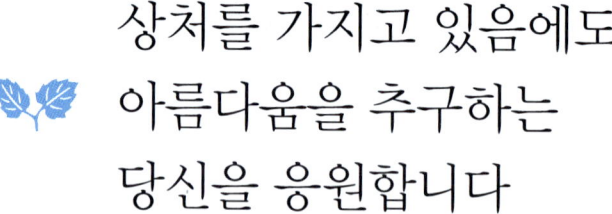 아름다움을 추구하는 당신을 응원합니다

체격이 아주 큰 아론은 무서울 것 하나 없던 젊은 시절에 죄를 짓고 10년 간 교도소 생활을 했습니다. 그가 지난 잘못을 뉘우치고 사회로 돌아왔을 때 세상은, 아론을 반가워하지 않았습니다. 그래서 아론은 혼자 일할 수 있는 장거리 트럭 운전을 배웠습니다. 그리고 어느 운송회사에 취직했습니다. 그런데 특이하게도 이 회사의 모든 트럭 옆에는 큰 글자로 "Life, Love, Live"가 새겨져 있었습니다. 또한, 이 회사의 운전사들도 아론과 같은 범죄 경력 때문에 제대로 일자리를 구할 수 없는 사람들이었습니다. 알고 보니 회사 사장님은 일부러 이런 사람들만 채용하고 있었습니다. 그 이유는 처음에 사장님의 아버지가 특별한 목적을 가지고 이 회사를 시작하였기 때문입니다.

이 회사는 죄를 짓고 감옥에 갔다 온 아들이 직장을 구하지 못하고 기운 빠져 있을 때, 전 재산을 모아 아들과 같은 사람들을 돕겠다는 생각으로 그 아들의 아버지가 만든 회사였습니다. 그래서 이곳에서 일하는 사람들은 모두 창업주의 마음을 잘 알고 있습니다.

아론은 동료들이 함께 자주 모여 자신의 어려움을 말하고 서로 도우며 살아가는, 가족과 같은 지금의 회사를 아주 좋아합니다. 여기서 일하는 사람들은 자신의 인생을 돌아보면 후회스러운 일들이 많지만, 이제부터는 자신에게 주어진 삶을 살아가기 위해 노력하고 어떤 힘든 순간에도 희망을 잃지 않는 것이 행복이라는 사실을 잘 알고 있습니다. 그래서 회사의 모든 트럭에 '희망을 가지고 사랑하며 살아가자!'라는 글을 새겨 넣은 것입니다.

가장 완벽한 만남

공책은 연필에게 자신을 내어 주고,
연필은 공책에게 사랑을 고백할 때.

마음얻기

말보다는 마음을 들을 줄 알아야 하고,
모습보다는 마음을 볼 줄 알아야 하고,
조건보다는 마음을 품을 수 있어야 한다.

재주가 아니라
재능으로 살아가라

매일 아침 그녀는 메릴린 먼로가 되어 할리우드 거리의 관광객을 찾아갑니다. 지금은 함께 사진을 찍어주고 나서 받는 돈으로 생활하고 있지만, 그녀의 꿈은 진짜 배우가 되는 것이라고 합니다. "가짜 배우가 진짜 배우가 되려면 더 이상 이곳에 나오지 말아야 하는데…"라고 말하며 쓸쓸하게 돌아서는 그녀 주위에는 슈퍼맨, 스파이더맨, 배트맨, 원더우먼과 함께 사진을 찍으려는 사람들로 북적거립니다. 모두 서로 가짜인 줄 잘 알면서도 할리우드 거리를 찾아옵니다.

세상을 책임지라

자신을 희생함으로 언제나 값을 치루는 사람.

어떤 일, 어떤 말을 하든지 내용 있는 사람.

항상 자신을 단련하며 늘 준비되어 있는 사람.

언제 어디서나 누구에게든지 배우려는 태도를 가진 사람.

상식과 양심을, 흔들리지 않는 삶의 원칙으로 삼는 사람.

하늘이 허락한 선물

페인트칠하는 아담은 행복을 위한 색을 칠합니다. 그래서 사람들은 언제나 아담을 찾습니다. 아담은 원래 서양화를 그리는 화가였는데, 어느 날 문득 행복하게 살지 못하는 자신을 발견했습니다. 아담은 붓을 놓고 고민하며 방황하다 잠시 방문했던 마을에서 집집이 하나도 똑같지 않은 색이 칠해진 문들을 보았습니다. 알고 보니 이 동네에서 페인트칠하는 어느 할아버지가 일 년에 한 번씩 각 집마다 특징을 살려 모두 다른 색을 칠해 준다는 것이었습니다.

할아버지는 어린 손녀와 함께 살고 있었는데, 평소 마을 사람들은 이 두 사람을 가족처럼 대해 주며 잘 돌봐주었다고 합니다. 시간이 지나 손녀가 장성하여 직장을 얻어 도시로 가자, 할아버지는 마을 사람들에게 그동안 나누어 준 사랑에 대한 감사로 집집이 대문에 페인트를 칠해 주기로 했습니다. 그리고 일일이 찾아다니며 그 집만의 특징을 살피고 그에 맞는 색깔의 페인트를 칠해 주었습니다. 그런데 그 후부터 마을은 변하기 시작했습니다. 다툼이나 불미스런 각종 문제가 사라지고 가정마다 평안이 찾아온 것이었습니다.

사람들은 집을 나서고 들어올 때마다 대문에 칠해진 자기 집만의 색을 바라보면서 평안과 위로, 그리고 세상을 살아가는 힘을 얻었습니다. 그래서 아담은 좋은 그림을 그려 인기 있는 화가가 되는 화려한 성공의 길을 포기하고, 이 마을로 이사해 할아버지의 제자가 되어 행복의 페인트칠을 하고 있는 것입니다.

인간의 가장 큰 비극은
소중한 삶 찾기를 포기하는 것이다.

생명 친구

그대가 내 곁에 있어서 얼마나 좋은지
그대가 내 친구라서 얼마나 큰 축복인지
언제나 내 곁에서 받쳐 주는 그대
언제나 날 위해 애쓰는 그대

좋다. 너무나 좋다.

나도 그대처럼 뜨거운 심장을 가지고
또 다른 이의 평생 친구로 남고 싶다.

우리가 서로 함께함으로
그 어떤 다름도 아름답습니다.

눈물의 편지

언제든지 어떤 일에도 절대 기죽지 마십시오.
최고의 사랑을 받은 자처럼 최고의 인생을 살아가야 합니다.
모두가 싫어 해도 해야 할 일을 해야 하며
모두가 좋아한다 해도 하지 말아야 할 일은 하지 않아야 합니다.
강자 앞에 약하고 약자 앞에 강한 것은 비겁함입니다.
사람은 사람답게 빚어져야 사람입니다.
그대가 오늘 진정한 사람이 되십시오.

어리석은 나의 모습까지
사랑해 주는 그대를 존경합니다.

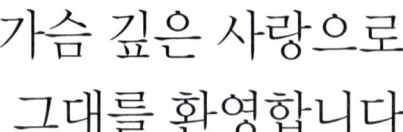

가슴 깊은 사랑으로
그대를 환영합니다

눈빛만 보아도 가슴 뛰는 사랑은
서로에게 서로를 내어 줄 때 감격이 됩니다.
마음과 낙하산은 펴지지 않으면
소용없다는 말을 가슴에 새깁니다.

서로 뜨거운 감동이 되어야 합니다.

넘치는 행복,
그 안에 숨겨진 보배

최초의 사람이 세상에서 제일 늦게 만들어져
자연의 온화함과 향기롭고 부드러운 멋을 배울 수 있었던 것은
인간에게 주어진 최고의 선물이었습니다.

행복의 조건은 아름다운 이 세상 속에 있습니다.
내게 주어진 사람들 속에 보물이 있습니다.
멋진 인생을 건축하십시오.
값진 인생을 디자인하십시오.

당신은 세상의 보배입니다.

천사의 날개도
누군가를 감싸 안을 때야
비로소 가장 아름답습니다

20대 초반에 결혼한 도로시는 남편의 폭력으로 힘겨운 생활을 하다 지금은 혼자 사는 패션 디자이너입니다. 남편이 술에 취해 행패를 부리며 자신을 괴롭혔던 지난 몇 년을 생각하면 아직도 두려움에 잠을 이루지 못합니다. 더군다나 어릴 적에 아버지가 술에 취해 집에 돌아와 가족들을 힘들게 했던 기억이 사라지기도 전에, 똑같은 악몽 같은 고통이 도로시에게 찾아와 삶의 기쁨을 빼앗아 버렸습니다.

하루하루를 힘겹게 살고 있던 어느 날, 도로시는 어린이 보호 시설인 "시냇물어린이센터"에서 일하고 있는 친구로부터 여자 어린이들이 입을 수 있는 옷을 만들어 달라는 부탁을 받았습니다. 도로시는 차마 거절할 수 없어 무거운 마음으로 아이들과 만났는데 자신보다 더 가슴 아픈 이야기를 듣고는 울음을 그칠 수가 없었습니다. 도로시는 이 아이들을 위해 세상에서 가장 아름답고 사랑스러운 옷을 만들어 주기로 했습니다. 그래서 어릴 적부터 예쁜 옷을 만들고 싶어 이런저런 옷을 그렸던 오래된 그림공책을 다시 찾았습니다.

그중에서 10살 때 그렸던 어느 옷 그림을 보고 도로시는 깜짝 놀랐습니다. 물결이 흐르는 것 같은 밝은색의 드레스를 입은 자기 자신이었습니다.

당시 아버지의 폭력으로 힘들게 살았던 때인데도 불구하고, 그림 속의 도로시는 행복하게 활짝 웃고 있었습니다. 그 옷은 어머니로부터 생일선물로 받은 것이었는데 그림 아래에는 이런 글도 써 놓았습니다.

"엄마는 나에게 언제나 햇빛에 영롱하게 빛나는 아름다운 물결 같은 여인이 되라고 하시며 이 옷을 선물로 주셨다. 그래, 엄마가 원하시는 대로 살아야지…"

도로시는 눈물을 흘리면서 엄마의 음성을 기억하며 마음의 위로를 받았습니다. 그리고 이 옷을 "시냇물어린이센터"의 여자 어린이들에게 만들어 주기로 했습니다. 물결무늬 드레스가 아이들의 상처를 치료하고 두려움을 이길 수 있도록 사랑과 마음을 담아 만들었습니다. 그러면서 자신도 이제는 상처와 두려움을 이기고 어릴 적 마음먹었던 대로 세상에 서 가장 아름답고 영롱한 삶을 살아가겠노라 다짐을 했습니다.

❀ 뜨거운 중심 ❀

삶과 죽음의 한순간을 살아가는 그대여
언제 어느 곳에서 누구를 만나든지 바른 사랑하기를
언제 어느 곳에서 무슨 일을 하든지 바른 모습으로 살아가기를
언제 어느 곳에서 어떠한 이유든지 제 할 일 하기를
언제 어느 곳에서 어떠한 상황이든지 기쁨 잃지 말기를
언제 어느 곳에서 주어진 복을 마음껏 누리며 살아가기를

희망과 절망의 한순간을 살아가는 그대여
이해할 수 없는 어떠한 문제일지라도 결코 포기하지 말기를
해결할 수 없는 어떠한 상황일지라도 결코 변명하지 말기를
넘어설 수 없는 어떠한 권력일지라도 결코 비굴하지 말기를
거부할 수 없는 어떠한 불행일지라도 결코 불평하지 말기를
용서할 수 없는 어떠한 사람일지라도 결코 내어 버리지 말기를.

진실을 발견하는 분별의 힘

마음으로 볼 수 없는 것을
눈으로 보는 것은 허상

마음으로 들을 수 없는 것을
귀로 듣는 것은 유혹

마음으로 느낄 수 없는 것을
감정으로 받아들이는 것은 착각

마음으로 말할 수 없는 것을
소리 내며 떠드는 것은 거짓

마음으로 받아들일 수 없는 것을
쉽게 허락하는 것은 위험

마음으로 생각할 수 없는 것을
사실이라고 여기는 것은 어리석음

삶의 아름다운 진실은
바르게 분별할 때 발견된다.

∾ 복 있는 사람 ∾

언제나 듬직한 모습으로 살겠습니다.
언제나 내가 있어야 할 자리를 지키겠습니다.
언제나 당신만을 바라보며 살겠습니다.
언제나 해야 할 일을 하겠습니다.
언제나 변함없이 가야 할 길을 가겠습니다.
언제나 희생하며 살겠습니다.
언제나 사랑하며 살겠습니다.

나로 인해 세상이 조금이라도 안심하기를!
나로 인해 사람이 조금이라도 평안하기를!

나는 복 있는 사람입니다.

성실함은 보이는 믿음

⚡ 위대한 습관 ⚡

자신을 단련하는 것은 돌과 같은 심장을 연하게 바꾸는 기적과 같다. 화가, 건축가, 과학자, 발명가, 엔지니어, 요리사, 음악가 등 화려한 이력을 자랑하는 레오나르도 다빈치는 '브레인 스토밍', '창의적 사고', '마인드 맵핑' 등의 개념을 처음 도입했고, 양쪽 뇌를 골고루 사용하며 자신의 내재된 능력을 무수히 끄집어 내는 훈련을 했다. 언제 어디서나 메모를 했던, 그가 남긴 메모지는 15,000여 장이나 된다고 한다.

하루에 따로 15분을 떼어 놓고 책을 읽으면, 일 년에 거의 24권 정도를 읽게 되고, 평생으로 따지면 1,000권 정도를 더 읽는 셈이다.

축구선수 이영표는 어릴 때부터 체력훈련을 위해 줄넘기를 꾸준히 훈련해서 한 번에 천 번 이상을 한다. 그는 이 고된 훈련 과정에서 기쁨을 느낀다고 한다.

훈련은 새가 날아오르기 위해 준비하는 과정처럼 숙련되게 익숙하게 배우는 것이다.

지속적인 훈련이 위대한 습관을 가진 쓸모 있는 사람을 만든다.

어두운 시절에 만난
한줄기 빛

온종일 먼지 날리며 재봉틀 소리가 시끄러운 봉제공장에서 일하는 에이미는 20살의 소녀가장입니다. 5년 전, 부모 손에 이끌려 국경을 넘어와 지금까지 항상 불안의 연속인 불법체류 신분으로 하루하루를 어렵게 살아왔습니다. 신분문제로 잦은 이사를 하면서 힘들게 학교를 다녔지만, 그나마 제대로 학업을 마칠 수 없었습니다. 아버지는 이민국에 체포되었고 어머니는 식당 주방에서 일하다 허리를 다쳐 움직일 수 없게 되어 에이미가 동생들을 돌보게 되었기 때문입니다. 그나마 어렵게 구한 봉제공장에서의 일이 고되기는 하지만 그저 감사할 따름입니다.

이곳에서 에이미는 꿈을 가지게 되었습니다. '열심히 일해서 두 동생만큼은 멋진 인생을 살아가도록 잘 보살피자! 그리고 패션 디자이너가 되어 멋진 옷을 만드는 사람이 되자!' 이미 회사 사장님이 에이미의 성실함과 재능을 인정하고 전문 디자이너에게 기술을 배우도록 돕고 있습니다. 가끔 이민국에서 조사 나올 때마다 숨어 있어야 하는 불안한 생활을 하고 있지만, 가족과 자신의 미래를 위해서 에이미는 기쁜 마음으로 살아가고 있습니다.

생활이 안정되고 옷 만드는 기술을 제대로 배우게 되면 본국으로 돌아가

"에이미 패션" 가게를 열어 자신의 땀과 정성이 담긴 옷을 만들 생각에 오늘도 에이미는 열심히 재봉틀을 돌리며 집안 살리기 프로젝트를 이어갑니다.

고난은 삶의 뿌리입니다. 줄기차게 내 뻗는 인생이 되려면 반드시 고난의 뿌리가 있어야 합니다.

✠

일상을 통해 드러나는
사랑의 작은 조각들을 맞추어 가는 것이 행복이다.

마음으로 여는 문

쉽게 문을 열고 들어가기 어려울 것 같습니다.

너무 아름다워 내가 저 문을 열고

들어갈 자격이 있나 멈칫 거려집니다.

하지만 문 안쪽에 더 멋진 곳이

날 기다리고 있을 것 같아

마음을 먼저 들여보냅니다.

당신에게도 내 마음이 먼저 들어가기를!

위대한 용사로 살아가라

이루지 못할 꿈을 꾸고, 쳐부수지 못할 적과 싸우고,

견디지 못할 슬픔을 견디고, 용감한 사람도 가기 두려워하는 곳에 가고,

순수하고 정결한 것을 사랑하고,

접을 수 없는 저 별을 잡으려고 손을 뻗는 것, 이것이 나의 여정이다.

아무리 희망이 없어 보여도 아무리 길이 멀어도

정의를 위해 싸우고, 천상의 목표를 위해서는

지옥에 가는 것도 두려워하지 않고, 이 영광의 여정에 충실해야

나 죽을 때 평화로우리. 그리고 이것 때문에 세상은 더 좋아지리.

-뮤지컬 〈라 만차의 사람〉 중, 돈키호테의 노래

나누지 않는 여유는
궁핍의 공범이다

플로렌스 할머니는 나이도 많고 몸도 움직이기 여러모로 힘들지만, "희망의 장학재단"을 위한 일이라면 기쁨으로 나서고 있습니다. 그런데 얼마 전, 고속도로에서 운전하다 차가 갑자기 움직이지 않아 뒤에서 달려오는 차들이 급하게 피하는 위험한 상황에 처했습니다. 할머니는 너무 당황해서 차 안에서 그저 기도만 했는데, 갑자기 심장에 이상이 생겨 정신을 잃게 되었습니다. 그때 고속도로 순찰대원 아놀드가 근처를 지나다가 이 상황을 보고는 구급차를 부르고 할머니를 위험에서 구했습니다.

그 후에 할머니는 병원에서 자신을 도와준 아놀드를 찾았습니다. 서로 반갑게 만나 이런저런 이야기를 나누던 중, 놀랍게도 아놀드가 "희망의 장학재단" 출신으로 특별히 할머니가 개인적으로 후원했던 학생이었던 것을 알게 되었습니다. 물론 아놀드도 지난 학창시절 10년 동안 이름을 밝히지 않고 자신의 학업을 위해 금전적으로 돕고 가끔 선물도 보내 준 천사가 플로렌스 할머니인 것을 알고는 너무 감격해서 어찌할 바를 몰랐습니다.

그리고 아놀드는 할머니의 도움으로 학업을 마치고 경찰이 되었는데, 특별히 자신이 받은 사랑을 사회에 다시 돌려주기 위해 도시 빈민가의 청소년들을 돕는 단체를 만들어 다른 경찰 동료와 함께 운영하고 있었습니다.

이제 플로렌스 할머니는 아놀드와 함께 새로운 인생을 시작했습니다. 아놀드의 청소년 단체에 나가 "플로렌스 아가씨"라는 별명을 들을 정도로 열정을 가지고 또 다른 세상의 희망 씨앗을 심기 시작했습니다.

이 땅에 뿌려진 사랑이, 세상을 살리고 있습니다.

잔잔한 바람결을 타고 온
축복

축복은 '서로'입니다.

서로 화목하라, 서로 사랑하라, 서로 우애하라, 서로 존경하라,

서로 마음을 같이 하라, 서로 판단하지 말라, 서로 받으라,

서로 권하라, 서로 문안하라, 서로 섬기라, 서로 짐을 지라,

오래 참음으로 사랑 안에서 서로 용납하라,

서로 인자하게 하며 불쌍히 여기라, 서로 복종하라,

서로 나보다 남을 낫게 여기라, 서로 가르치라, 서로 격려하라,

서로 덕을 세우라, 사랑과 선행으로 서로 격려하라,

서로 비방하지 말라, 서로 원망하지 말라,

서로 죄를 고하라, 서로 기도하라, 서로 겸손으로 허리를 동이라.

새로운 카리스마,
고귀한 성품

인간은,
진리가 무엇인지
고결한 것이 어떤 것인지
옳은 것이 무엇인지
순수한 것이 어떤 것인지
사랑스러운 것이 무엇인지
훌륭한 것이 어떤 것인지
가치 있는 것이 무엇인지
아는 힘을 가져야 한다.

진정한 탁월함은
몸과 마음의 균형을
유지하는 것이다.

사랑은 덧셈, 욕망은 뺄셈

인간의 일생이 가장 비참할 때는
버릴 것을 미련 없이 내 버리지 못할 때입니다.

원하는 것은 뭐든지 소유하려는 욕망의 웅덩이에서 빠져
헛된 주문만 되새기며 결국 절망에 이르겠습니까.

인간의 일생이 가장 아름다울 때는
자신이 가진 모든 것을 소중하게 나눌 때입니다.

고통 가운데 주저앉아 있는 영혼이 다시 벌떡 일어설 수 있도록
아낌없는 사랑을 내어 놓는 자랑스러운 삶을 살아가십시오.

존재이유를 알아야
존재가치를 드러낼 수 있다

세상에 기죽지 말라. 최고의 사랑을 받은 자처럼 최고의 인생을 살아가라.

예수는 인구가 채 2천 명도 되지 않은 변두리 시골 동네 출신이었다. 그리고

예수의 첫 사역은 황무하고 공허했던 고독한 광야에서 볼품없이 시작했다.

하지만 예수는 초대형 도시 예루살렘에서 기죽지 않았다.

예수는 사람들의 기대보다는 하나님의 뜻에 기대감을 가지고 살았기 때문이다.

자신이 누구인지 잘 알고 있었고 하나님의 사랑을 세상에 전할 메신저임을

알았기 때문이다. 물론 예수는 제자들을 부를 때도 출신성분을 따지지 않았다.

그렇다면 그의 제자들은 또 어떻겠는가. 세상에서 절대 기죽지 않고

위대한 인생을 살았다. 그대 또한 마찬가지다.

절대로 탓하지 말고 그대 스스로 기적의 삶을 살아가라.

✛

생각하면 할수록 남을 사랑하는 것보다
더 예술적인 일이 없음을 깨닫는다. _빈 센트 반 고흐

내어 주고,
받아 주는 복된 세상

편 가르기는 어디에서나 있나 봅니다.
넓은 바다 위를 날아다니는 바닷새들도
저마다의 색깔로 저렇게 나뉘어 있으니
좁은 땅덩어리에 모여 사는
속 좁은 인간들은 어떻겠습니까.

서로 다르다고 다투고

앞서 가겠다고 밀쳐 내며

기분 나쁘다고 모함하고

이해 못 한다고 거부하고

받은 것 없다고 주지도 않는

상식 없는 못난 세상에서

내어 주는 넓은 사랑으로

받아 주는 깊은 마음으로

복된 세상이 되도록

서로에게 힘이 되어야 합니다.

영혼의 혁명을 일으키라

건축자재 센터 앞에서 핫도그를 팔고 있는 안토니는 전쟁에서 두 다리를 잃은 퇴역 군인입니다. 한때 도박에 빠져 전 재산과 가정을 잃었지만, 지금은 작은 손수레에 국기를 꽂아 놓고 건설현장에서 일하는 사람들의 친구가 되어 주며 살아가고 있습니다.

몇 년 전, 안토니는 인생의 가장 힘든 시기를 보내고 있을 때, 휠체어를 타고 이곳에 물건을 사러왔다 잘못해서 넘어졌는데, 이때 지나가던 한 노인이 안토니를 도와주며 근처 식당에서 점심을 함께하자고 했습니다. 그때만 하더라도 안토니는 자랑스러운 군대 모자만 쓰고 있는 좌절의 용사였습니다. 알고 보니 그 노인은 퇴역장군으로 안토니의 군대 모자를 보고 반가운 마음으로 함께 식사하고 싶었던 것입니다. 그 후에도 노인은 안토니와 자주 만나 이야기하며 그에게 용기를 주었습니다.

어느 날, 안토니는 노인의 집을 방문했다가 한쪽 다리가 없는 부인을 만나게 되었습니다. 당뇨 합병증으로 다리를 절단하고 남편의 도움을 받으며 살고 있는 부인은, 그 후부터 안토니를 아들처럼 대하며 큰 힘이 되어 주기 시작했습니다. 안토니는 이들의 사랑 덕택에 다시 불굴의 용사로 새로운 인생을 살기 시작했습니다.

아버지와 같은 노인을 만나 처음 먹은 점심 메뉴는 핫도그였습니다. 그래서 안토니는 평생 잊지 못할 핫도그를 가지고 장사를 시작했던 것입니다.

"안토니의 정말 화끈한 핫도그!"

누구든지 안토니의 핫도그를 그냥 지나치지 않습니다. 안토니의 화끈한 핫도그를 먹으며 나누는 대화는 인생의 힘든 시기를 지나고 있는 사람들에게는 불같은 열정을 불어넣어 주기 때문입니다. 두 다리를 잃은 전쟁 이야기, 도박에 빠져 헤맬 때의 못난 모습, 가정을 지키지 못한 죄책감 등 과거를 이야기하며 이를 극복한 자신을 기억하라고 안토니는 말합니다. 다리가 없어 주저앉아 있는 것이 불행이 아니라, 도전하여 이겨 내지 못하고 포기하며 주저앉아 있는 인생이 실패한 것임을 안토니는 잘 알고 있기 때문입니다. 그래서 안토니는 사람들에게 핫도그를 먹을 때마다 두 다리 없는 안토니를 기억하며 용기를 내라고 말합니다.

가장 부끄럽고 못난 모습은 실패할 때가 아니라, 스스로 자신을 포기할 때입니다.

진정한 영웅

누구나 천한 일이라 여기는 것일지라도
아주 귀한 일로 여기며 언제나 그 자리에 있겠습니다.

버림받고 무시당하는 사람이 있다면
언제나 가슴 깊이 내 가장 소중한 자리에 두겠습니다.

유행문화가 진정한 삶의 가치를 잃게하는 상황에서
작은 원칙과 기준이라도 지키며 언제나 그 자리에 있겠습니다.

나 때문에 내가 있는 곳이 조금 더 나아진다면
언제나 그 자리에 있겠습니다.

하나도 무겁지 않아요
제 동생이거든요

인디언은 친구를 '나의 슬픔을 지고 가는 사람'이라고 불렀다.

행복은 이웃의 모든 것과 함께하는 것이다.

이웃의 아픔을 보고도 내가 행복하다면 그것은 가짜다.

사랑은 상대방의 고통까지도 책임을 지는 것이다.

아름다운 사랑은 들고 있으면 팔이 아프지만

내려놓으면 마음이 아픈 것이라고 한다.

비가 내리면 우산을 건네 주는 것이 아니라

내가 든 우산도 버리고 함께 비를 맞아 주는 것,

폭풍 속에 들어간 그대를 위해

햇살에 서 있는 나 역시 그 폭풍 속으로 달려가는 것,

그것이 진짜 사랑이라고 하니

사랑은 진정 인간을 인간답게 만드는 능력이다.

"당신의 사랑만 닮고 싶습니다."

～ 사랑, 이미 시작된 기적 ～

음식점 주방 보조로 일하고 있는 데이빗이 가장 잘하는 것은 맛있는 요리를 만드는 일이 아니라 접시를 깨는 일입니다. 데이빗은 장애를 가지고 태어나 양손을 제대로 사용하기 힘듭니다. 그래서 그의 움직임은 불안하기만 합니다.

식당 주인인 아더가 데이빗을 처음 만난 것은 자주 이용하는 체육관에서입니다. 우연찮게 함께 운동을 하다 만난 데이빗은 자신의 꿈이 "어머니를 위한 요리사가 되는 것"이라고 말했습니다. 어릴 적부터 몸이 불편한 자신을 위해 애쓰는 엄마에게 멋진 요리를 만들어 주고 싶다는 것이었습니다. 아더가 보기에 음식을 요리하는 것이 거의 불가능할 것 같은 데이빗이었지만, 그의 눈은 간절함으로 젖어 있었습니다. 그래서 아더는 바로 데이빗에게 자신의 식당에서 일해 볼 것을 제의하고, 일과를 마친 후 요리법을 가르쳐 주기로 했습니다.

이제 데이빗은 인생의 가장 행복한 순간을 살고 있습니다. 평소 자신은 사람들에게 별로 도움이 되지 않는다고 생각했지만, 지금은 비록 자주 접시를 깨는 주방 보조일지라도 앞으로 어머니를 위해 자신이 만들 요리를 생각하면 신이 나기만 합니다. 함께 주방에서 일하는 요리사들에게 미안하지만 모두들 데이빗에게 가장 훌륭한 인생의 친구로, 그리고 스승으로 함께하기에 데이빗은 용기를 낼 수 있었습니다.

Heart Giving

　내년 어버이날에 엄마에게 해 드릴 요리를 배우느라 오늘도 아더를 귀찮게 하지만, 데이빗은 행복한 웃음으로 그 미안함을 대신합니다.

　세상에서 제일 값진 선물은 나를 위해 아낌없이 내어 준 당신의 사랑입니다.

 고귀한 사귐

말을 하려면
침묵보다 더 깊은 가슴 떨림으로
명언보다 더 깊은 뜻을 가지고
달콤함보다 더 진한 마음으로
잉크보다 더 오래도록 기억에 남을 수 있도록
최고로 훌륭한 말을 해야 합니다.

말을 하지 않으려면
눈보다 먼저 마음을 열고
진지함으로 한 치의 움직임도 없이
기대 가득한 눈빛의 반짝임으로
가슴 울렁이는 감동의 순간이 되도록
최고의 멋진 모습으로 바라보아야 합니다.

생각보다 느낌이 더 중요시 여겨지는 시대,
우리의 사귐은 서로에게
깊고 높은 영향을 주고받아야 합니다.

깊은 울림의 사람이 되십시오.

❧ 작은 소원 큰 기쁨 ❧

내가 받은 감동만큼
나로 인해 단 한 사람이라도 감격의 삶을 살기를 기도합니다.

내가 받은 물질만큼
나로 인해 단 한 사람이라도 다시 시작할 수 있기를 기도합니다.

내가 받은 기쁨만큼
나로 인해 단 한 사람이라도 노래할 수 있기를 기도합니다.

내가 받은 사랑만큼
나로 인해 단 한 사람이라도 힘 낼 수 있기를 기도합니다.

Because of

Your Love

평화를 짜는 사람

　이사벨은 이중 언어를 제대로 구사하지 못하는 이민자들의 생각과 사건의 사실을 바르게 전달하는 법정 통역사입니다. 수많은 사건을 다루지만, 특히 노인들과 관계된 사건을 다룰 때마다 이사벨의 마음은 아프기만 합니다. 노인 아파트에 외로이 사는 수많은 노인들이 색다른 문화와 언어문제의 실수로 법정에 서게 될 때는 더욱 그렇습니다. 그래서 이사벨은 자녀들이 제대로 돕지 못해 방치되다시피 사는 노인들을 위해 '무료 법률 상담소'를 만들었습니다.

　그뿐만 아니라 친절한 이사벨은 노인들의 사소한 문제까지 발 벗고 나서서 돕고 있습니다. 평생 함께 살아온 노부부의 사랑싸움을 화해시키기 위해 식당을 예약해서 분위기를 만들기도 하고, 외로움을 달래기 위해 노인들이 키우고 있는 아픈 강아지를 데리고 대신 병원까지 다녀오기도 합니다. 어느

덧 이사벨은 이들의 딸이 되었습니다. 이사벨이 가장 잊을 수 없는 일은 함께 살던 젊은 아들이 사고로 죽게 되자, 먼 타국에서 홀로 지내다 병환으로 세상을 떠난 어느 할머니에 대한 기억입니다. 본국으로 돌아갈 수 있는 상황도 되지 않고 체류 신분문제도 해결되지 않은 상황에서 인생의 마지막을 외로움과 병환으로 살던 할머니는 이사벨을 만난 후부터 웃음을 짓기 시작했습니다. 그리고 어느 날 이른 아침, 이사벨은 할머니의 죽음 소식을 접하게 되었습니다. 이사벨은 장례를 마치고 할머니가 살고 있던 아파트를 정리하다 할머니의 성경책 속에 들어 있는 편지 한 통을 발견합니다. 평소 딸처럼 여기며 인생의 마지막 행복했던 순간을 함께했던 딸, 이사벨에게 쓴 감사의 글이었습니다.

"이사벨, 네가 내 인생에 들어온 날, 나는 지금까지 맛보지 못한 평안을 느꼈단다. 너의 사랑과 친절, 그리고 웃음은 내 삶의 큰 선물이었다. 인생의 가장 멋진 시간을 보낸 너와의 만남을 가슴에 안고 천국으로 간다. 고맙다. 내 딸 이사벨…"

할머니의 편지를 품에 안고 이사벨은 한동안 숨을 쉬지 못할 정도로 마음이 몹시 아팠습니다. 하지만 이사벨은 천국에서 자신을 바라보며 웃고 있을 할머니를 생각하면서 자신을 기다리고 있을 또 다른 부모님을 향해 다시 일어났습니다. 아무리 절박한 일이 생긴다고 할지라도 가슴 따뜻한 나눔이 있기에 충분히 이겨 나갈 수 있음을 이자벨은 잘 알고 있었기 때문입니다.

누구든지 베풀 것을 가지고 있지 않는 자는 없다.

삶은 기간이 아니라
깊이로 사는 것이다

음악처럼 예의 바르고
사려 깊은 사람이 되겠습니다.

남자의 자격
여자의 자리

그대 남자여,
가슴에는 푸른 강물 같은 여유가 흘러
서러움과 외로움을 내 보내고
항상 쉬지 않고 기도함으로
무엇에든 자유로울 수 있는 능력과
시간을 따라 살지 않고
시간을 이끌어 가는 열정으로
험한 세상 마주하여 기적을 만들어 가라.

그대 여자여,
생명을 품고 탄생을 기다리는
아름다운 어미의 인내로
지친 영혼을 품어
새롭게 태어나도록 도우며
맑은 눈물 같은 손길로
상처 난 곳을 치유하는
창조주의 마음으로 사랑을 만들어 가라.

＋

사랑의 눈을 가리고 있는 욕망의 안개를 걷어 내라.

사랑의 마음을 가리고 있는 미움의 거미줄을 걷어 내라.

사랑의 용기를 가리고 있는 절망의 찌꺼기를 걷어 내라.

사랑의 귀를 가리고 있는 거짓의 진흙을 걷어 내라.

사랑의 말을 가리고 있는 죄의 자갈을 걷어 내라.

사랑의 생각을 가리고 있는 증오의 도구를 걷어 내라.

살아 있는 사랑

　흑인 아버지와 백인 어머니 사이에서 태어난 제임스 맥브라이드는 12남매 모두 대학을 졸업시킨 어머니의 삶을 소개하는 『물의 색깔』(The Color of Water)이라는 책을 썼습니다. 어머니는 젊을 때 뉴욕 할렘의 흑인 문화에 푹 빠져서 집을 뛰쳐나와, 그곳에서 신학교를 졸업한 흑인 남편과 함께 아파트에 교회를 세우고 8남매를 낳아 길렀습니다. 그런데 제임스가 돌이 채 되기도 전에 남편이 사망하고 후에 마음씨 착한 흑인을 만나 4남매를 더 낳았습니다. 그러나 두 번째 남편과도 역시 사별하고 홀로 아이들을 키웠습니다. 어릴 적 제임스는 할렘의 가난한 흑인 동네에서 살면서 백인 엄마의 존재를 창피하게 생각했습니다. 하지만 엄마는 어려운 생활환경 속에서도 12명의 자녀들이 각자 자신의 삶을 충실하게 살아가도록 키웠습니다.

　제임스는 어릴 적 하나님의 얼굴은 자신처럼 검은색이라고 믿고 있었습니다. 그리고 어느 날 엄마에게 "사랑은 무슨 색깔이지?"라고 물었을때, 엄마는 단호하게 말했습니다. "사랑은 물의 색깔이야." 제임스는 나이가 어려 당시에는 이해할 수 없었던 엄마의 대답을 어른이 되어서야 비로소 무엇이 '물

The Color of Love

의 색깔'인지 알게 되었습니다.

배움이 많지 않은 평범한 여인이었으나, 엄마는 자식들을 마치 아프리카의 물이 검지 않은 것처럼 흑인도 백인도 아닌 어디서나 똑같은 물의 색깔로 키운 것입니다. 구별과 차별은 다릅니다. 이를 오해하면 큰 혼돈이 옵니다. 사랑도 사람도 구별할 수는 있지만 차별되어서는 결코 안 됩니다.

행동하는 침묵

고맙다고 생각만 하지 말고
감사함으로 함께 웃어야 한다.

이해한다고 생각만 하지 말고
함께 손뼉을 마주쳐야 한다.

용서한다고 생각만 하지 말고
다가가서 안아 주어야 한다.

성공할 수 있다고 생각만 하지 말고
일어나 함께 가야 한다.

최선을 다했다고 생각만 하지 말고
결과에 대한 책임을 져야 한다.

제대로인가, 제맘대로인가

세상에는 온통 가짜 사랑으로 가득합니다.
아무나 사랑하게 되고 아무렇게나 사랑하려고 합니다.
사랑이면 뭐든 다 괜찮다고 여기며
이리저리 헤매는 물방울보다 더 가볍게 사랑합니다.
진정한 사랑은 희생이며 영원히 남는 흔적인데도 말입니다.

세상에는 속이는 소리가 많아졌습니다.
인기와 유행으로 무엇이든지 믿고 뭘 믿는지도 잘 모릅니다.
진리는 누구나 알고 있지만 단지 외면할 뿐입니다.
진리가 부담을 준다고 알고도 뿌리칩니다.
그러나 속이는 소리는 달콤해서 쉽게 받아들이고 열광합니다.
인간은 진리의 소리를 들어야 제대로 살 수 있는데도 말입니다.

세상에는 나눔 건망증 환자들이 많습니다.
마음에도 없는 것을 던져 주고 돌아서서는 바로 잊어버립니다.
감정이 격해 울음이 나온다고 사랑이라고 우깁니다.
나눔은 신중하며 쉽게 드러나지 않는데도 말입니다.
세상에는 욕망의 허기진 배를 채우려는 일들이 많습니다.
뭐든지 느낌이 충족되지 않으면 움직이지 않습니다.
허전함에 미친 듯이 영혼을 팔아 버립니다.
동물처럼 주저 없이 내 것으로 만들어 버립니다.
생각과 마음을 움직이는 참된 기준이 있는데도 말입니다.

Wake Up!

세상에는 거짓 기쁨을 위한 쾌락의 도구가 많습니다.
욕구불만을 해소하기 위해 억지웃음을 만들어 냅니다.
의미 없는 시간을 보내며 세월을 낭비합니다.
기쁨은 슬픔과 고통 속에서도 웃을 수 있을 때
가장 빛나는데도 말입니다.

세상에는 껍데기 영웅이 많아지고 있습니다.
인간은 대리만족을 위한 인형을 만들어 마음대로 조절합니다.
누군가 대신 자신의 인생을 책임져 주기를 바라는
헛된 망상에 빠져 있습니다.

이제라도 제대로의 삶을 살아야 합니다.
그렇지 않으면 제맘대로의 삶으로 살다 끝나 버리고 맙니다.

신뢰,
결코 놓칠 수 없는 탈출구

안심하십시오.

어떤 상황에서든 비상구는 있습니다.

가장 위험한 상황은 찾지 않고 미리 포기할 때 찾아옵니다.

가장 어리석은 결정은 그대를 위한 사랑을 믿지 못하고

엉뚱한 곳으로 갈 때 일어납니다.

맡기십시오.

당신만을 위한 비상구가 있습니다.

언제나 가장 정확한 곳에서

가장 안전한 곳을 가리키고 있는

그대의 사랑을 향해 가십시오.

믿음을 가지고, 그대의 사랑에게 모든 것을 내어 맡길 때

당신은 이미 그곳을 벗어난 것입니다.

신뢰는 내어맡김입니다.
신뢰는 이유가 없습니다.
신뢰는 사랑입니다.

홀로 가지 않는 여행

헨리 할아버지는 목수입니다. 교회에서 중국 산간지역의 고아원에 옷을 보내기로 한 날, 할아버지는 나무상자를 여러 개 만들었습니다. 그런데 일을 끝내고 집으로 돌아온 할아버지는 안경을 꺼내려고 셔츠 윗주머니에 손을 넣었는데 안경이 어디로 갔는지 사라지고 없었습니다. 안경의 행방에 대해 곰 곰이 생각해 보던 할아버지는 상자에 못을 박는 동안 자신도 모르게 안경이 상자 안으로 떨어졌다는 것을 알았습니다. 이미 할아버지의 안경은 중국을 향해 가고 있었습니다.

그로부터 몇 달 후, 교회에서 도움을 주었던 그 중국 고아원의 선교사님이 교회를 방문하게 되었습니다. 할아버지와 가족들은 늘 앉던 자리에 앉아 선교사님의 간증을 듣고 있었습니다. 선교사님은 고아원을 도와준 모든 사람들에게 감사의 인사를 했습니다.

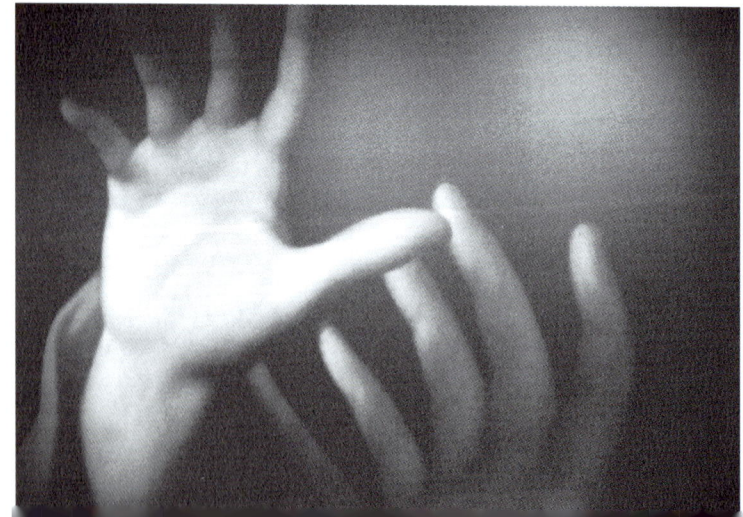

"하지만, 그중에서도 가장 감사했던 것은 바로 여러분께서 작년에 보내 주셨던 안경이었습니다. 그 당시 공산당원들이 고아원을 조사한다고 뒤집어 엎는 바람에 모든 것이 다 엉망이었는데, 그 통에 제 안경까지 부서져 버렸거든요. 저는 정말 어찌해야 할지 알 수가 없었습니다. 비록 돈이 있다고 하더라도 안경을 구할 수 있는 곳이 없었습니다. 눈이 나빠 앞을 잘 볼 수 없게 되니 머리까지 지끈거리며 아팠습니다. 그래서 저는 동료들과 함께 그 문제에 대해서 하나님께 열심히 기도드렸습니다. 그러던 중, 여러분께서 보내 주신 상자들이 도착해서 제 앞에 있던 나무상자 뚜껑을 열어 보니 안경 하나가 맨 위에 놓여 있는 것이 아니겠습니까!"

선교사님은 잠깐 회중을 둘러본 후, 여전히 그때의 감격이 가시지 않은 듯한 목소리로 이야기를 계속했습니다.

"안경을 한번 써 보니, 마치 제가 직접 맞춘 안경인 것처럼 편안하게 잘 보였습니다. 그래서 여러분께 꼭 이렇게 감사의 말을 전하고 싶었습니다."

사람들은 그런 기적적인 기도응답에 놀라워하면서도 선교사님이 자신들의 교회와 다른 교회를 착각하신 것이 아닌가 하는 생각을 하고 있었습니다. 왜냐하면 자신들이 고아원에 보냈던 물품 중에 안경은 없었기 때문입니다. 하지만 뒷좌석에 조용히 앉아 있던 할아버지는 평범한 목수인 자기를 최고의 목수인 예수님께서 어떻게 사용하셨는지 깨달으며 감격의 눈물을 흘렸습니다.

축복이 낳은 또 다른 축복

교도소에서 제이슨은 무서운 존재였다. 그는 어느 누구도 쉽게 다가갈 수 없는 폭발물 같은 존재였다. 부모님 얼굴은 기억에도 없고, 학교도 제대로 다닌 적 없는, 평범한 삶조차 누려보지도 못한 그는, 사회에서 버림받은 인생 낙오자처럼 살다가 사람을 죽이고 무기형을 받았다. 그나마 제이슨에게 교도소는 사회보다 더 좋은, 만족할 만한 곳이었다. 하지만 수형생활이 오래될수록 제이슨은 난폭해졌고, 사고도 많이 일으킬 정도로 위험한 존재가 되었다.

그랬던 제이슨이 이제는 누구든지 쉽게 다가가기 좋은 친구가 되었다. 모범수가 되어 형량도 축소되었으며, 인생의 미래도 다시 생각해 볼 수 있게 되었다.

어떻게 제이슨은 완전히 다른 사람이 되었을까? 그것은 단지 한 사람의 축복 나눔 때문이었다. 그는 새로 부임한 담당 교도관 투트였다. 투트는 아프리카 흑인 노예의 자손이라고 했다. 그의 조상은 백인 주인에게 온갖 고초를 당하면서도 주인을 존경하고 항상 축복 기도를 할 정도로 축복의 사람들이었다. 백인 주인이 일요일에 교회를 갈 때마다 마차를 운전했는데 교회 문 앞에서 주인을 기다리며 들은 하나님의 말씀이 흑인 노예가 가지고 있던 저주와 원망의 마음을 축복의 마음으로 바꾸었던 것이다. 그 후손들도 조상의 복된 삶을 그대로 이어받았다고 한다. 그래서 투트가 교도관이 된 이유도 축복받지 못해 범죄를 지은 자들이 많은 곳에서 축복을 나누어 주고 싶었던 것이다. 투트는 교도소에서 가장 난폭한 제이슨을 볼 때마다 촉촉한 눈물이 가득한 눈빛으로 축복했다. 이상하게도 제이슨은 투트를 만나면 자신도 모르게 마음이 녹아내리는 것을 느낄 수 있었다.

어느 날 투트는 비번 날에 정식으로 제이슨을 보기 위해 면회 신청을 하고 두 시간 정도 대화를 나누었다. 이날 투트는 자신의 흑인 노예 조상이야기를 하며, 결코 버려진 인생은 하나도 없고 하나님이 복된 자녀로 삼으신다는 복음을 전했다. 제이슨은 난생 처음 접한 축복 앞에 완강했던 마음이 무너졌고 교도소의 다른 재소자들을 축복하며 지내기 시작했다. 축복이 축복을 낳자 교도소의 분위기는 이전과는 다르게 바뀌었다. 재소자들은 축복의 존재가 되어 미래를 다시 꿈꿀 수 있게 되었다.

❀ 나는 왕의 자녀입니다 ❀

누구에게 인정받지 못해도
당신께만 칭찬받는
왕의 자녀로 살겠습니다.

대단한 업적을 남기지 못해도
당신의 명령만 수행하는
왕의 자녀로 살겠습니다.

가진 건 유일하게 이름밖에 없어도
왕의 자녀로 행복하게 살겠습니다.

비록 화려한 궁궐 같은 곳에 있지 않아도
당신과 함께라면 어디에 있든지
감사하는 왕의 자녀로 살겠습니다.

세상을 살다 이 땅을 떠날 때
비록 육체만 남을지라도
왕의 자녀로 영광스럽게 살다 가겠습니다.

아픔과 후회 속에 새겨진
아름다운 사랑

던킨의 외모는 누구도 쉽게 다가갈 수 없을 정도로 아주 험악하게 생겼습니다. 청소년 시절부터 소년원과 교도소를 전전할 정도로 범죄가 잦았던 그의 인생은 외모 못지않게 험난했습니다. 하지만 아내를 만난 후 던킨의 인생은 새로워지기 시작했고, 지금은 작은 마을에서 이발사로 생활하며 살고 있습니다.

그의 아내가 던킨을 처음 만난 것은 그녀가 도넛가게에서 일하고 있을 때였습니다. 그날 아침도 던킨은 밤새 마약에 취해 있다가 도넛과 커피 한 잔을 얻어먹기 위해 비틀거리며 가게를 찾았습니다. 던킨은 자신의 이름이 "던킨도넛"의 던킨이라고 농담을 하며 우스꽝스러운 표정으로 그녀에게 애교를 부리며 도넛을 얻어먹었습니다. 그런데 이상하게도 이때 잠깐 나눈 그녀와의 대화에서 던킨은 지금까지 느끼지 못한 따스한 사랑을 맛보았습니다. 그 후, 던킨은 자주 도넛가게를 찾게 되었고, 그녀에게 잘 보이기 위해 자신의 망가진 모습을 바꾸며 일자리를 구하고 생활의 안정을 찾기 시작했습니다. 그리고 그녀는 시간이 갈수록 멋있어지는 던킨을 사랑하게 되었습니다. 사실 그녀는 한쪽 팔이 없는 장애를 가지고 있었습니다.

어릴 적부터 아이들로부터 놀림을 받기도 하고, 제대로 된 일자리를 얻을 수 없을 때마다 자신은 못난 인생이라고 자책하며 살아왔습니다. 그러던 어느 날, 그녀에게 험악하게 생기고 마약에 찌든 던킨이 다가와 서로 사랑을 나누게 된 것이었습니다. 이것은 기적이었습니다. 두 사람은 서로 돕는 배필이 되기로 약속하고 변화된 인생을 살기로 결심했습니다. 던킨은 마약을 끊기 위해 치료를 받으며 이발 기술을 배우고 가정의 가장이 되기 위해 노력했습니다. 두 사람은 지금 사는 작은 마을에 가정을 이루고 "던킨의 행복한 이발소"를 시작했습니다. 그때만 하더라도 마을 사람들은 던킨이 면도를 하려고 칼을 들고 있는 모습을 보고 놀랐습니다. 하지만 사랑스러운 모습의 한쪽 팔이 없는 아내가 친절하게 칠해 주는 면도 비누 거품과 몸집이 큰 던킨의 섬세한 면도 솜씨는 소문이 나기 시작했습니다. 사실 이 두 사람의 진짜 인기는 거동이 불편한 노인들과 장애인들의 집을 방문해서 이발과 면도를 무료로 해 주며 사랑을 나누는 아름다운 모습에서 비롯된 것입니다.

　사랑은 완전한 둘이 더 완전한 하나가 되는 것이 아니라, 부족한 둘이 그 모습 그대로 인정하며 조화를 이루는 아름다움에 있는 것입니다.

내 안에 또 다른 나는 없어야 한다

인간의 역사 가운데 늘 있어 왔던 광적인 축제들은
욕망의 노예가 된 인간이 드러내는
처절한 한계의 몸부림이었다.
인간의 본성은 괴로움을 이기기 위해 이성을 버리고
감각에 몸을 맡기며 자신의 존재를 잊고자 한다.
하지만 외로움과 좌절감, 그리고 혼돈은
더욱 깊어지고 쾌락의 늪으로 빠져갈 뿐이다.
욕망을 채찍질하라.
꿈틀거리는 광인을 몰아내라.

세상의 중심

사랑하라.
누구든지 곁에 두고 어떤 순간에도
변하지 말고 끝없이 받아들이라.

나누라.
아픔에 잠긴 자에게, 고통에 빠진 자에게, 평안을 나누라.

섬기라.
섬김을 받은 자는 또 다른 섬김을 위해 움직여야 한다.

책임지라.
내게 맡겨진 영혼은 반드시 있다. 무관심은 무책임이다.

함께하라.
누구든지 홀로 남겨 두지 말라. 내가 함께함으로 그는 살아난다.

사람이 세상이다. 세상에서 사람이 전부다.
사람을 무시하면 세상은 아무것도 아니다.

메마른 나무의 소원

오랜 시간이 걸려 아무도 기대하지 않더라도 좋습니다.
절대 포기하지 않고 나의 할 일을 마치겠습니다.
내가 지금 여기에 존재하는 이유를 잘 알기에
절대 좌절하지 않겠습니다.
조금이라도 나의 만족을 위해 애쓰지 않겠습니다.
그 어떤 환경이 주어진다 해도 묵묵히 받아들이겠습니다.

고통의 시간을 지나 건강한 열매를 맺겠습니다.
내 열매가 많은 사람에게 인기가 없을지라도 낙심하지 않겠습니다.
그저 지나가는 나그네의 마른 목을 적시고 주린 배를 채우는 데
작은 도움이 된다면 나는 행복하겠습니다.

비록 지금은 보잘것없는 메마른 나무에 지나지 않지만
내 가지가 어느 노인의 지팡이가 되어도 좋겠습니다.
훗날 더 이상 열매를 맺지 못해 뿌리째 뽑힌다 해도 감사하겠습니다.

특히 지금까지 날 돌보아 주고 아껴 준 농부에게
단 한 번이라도 작은 기쁨이 되었다면
나는 더 바랄 것 없이 만족하겠습니다.

사라지지 않는 위대한 스토리

 시골 어느 마을의 공동묘지에서 20대 초반부터 50년 동안 관리 일을 하는 세바스찬 할아버지는 묘지 안에 있는 "청소년 인생학교"의 선생님이기도 합니다. 마을이 처음 세워질 때부터 사람들과 함께해 온 이 공동묘지는 여러 사람들의 삶의 숨결과 업적이 담긴 장소입니다. 그래서 아이들은 할아버지의 인생학교 수업시간에 듣는 흥미진진한 여러 이야기를 통해 바른 삶, 바른 인간, 바른 역사를 배웁니다.

 그동안 수많은 사람들이 이곳에 이름을 남겼지만, 유난히 할아버지의 기억에서 사라지지 않는 어느 10대 소녀의 죽음은 "청소년 인생학교"를 시작하게 된 계기가 되었습니다. 주말이면 할아버지를 찾아와 묘지 청소하는 일을 도왔던 그 소녀는 마을 언덕 위에 살았는데, 어느 해 여름, 비가 많이 와 산사태가 일어나 집이 무너지면서 그 안에 갇혀 가족과 함께 세상을 떠났습니다.

 평소 소녀는 할아버지에게 묘비마다 새겨진 이름의 사람에 대해 묻고는 자신의 인생기록 노트에 자세히 받아 적었습니다. 소녀는 먼저 세상을 떠난 분들의 삶을 토대로 자신의 인생을 아름답게 꽃피우며 살고 싶다는 꿈을 가지고 있었습니다. 그래서 할아버지는 소녀가 떠나며 남겨 놓은 인생기록 노트를 통하여 소녀가 남긴 꿈을 다른 아이들에게 이어가게 하기 위해 "청소년 인생학교"를 묘지에서 시작하게 된 것입니다.

Life is Story...

✚

꿈을 이루지 못했다고 실패한 인생이 아니라
꿈을 꾸고 노력하기 시작한 것 자체가
이미 아름다운 인생을 살아가고 있는 것입니다.

넘치는 자유

삶의 모습이
다 같을 수는 없습니다.

고통의 무게가
다 같을 수는 없습니다.

의무의 이유가
다 같을 수는 없습니다.

책임의 한계가
다 같을 수는 없습니다.

실패 속에 숨겨진 기회를 발견하면
희망이 보입니다.

위기 속에 숨겨진 기쁨을 발견하면
마음이 놓입니다.

고통 속에 숨겨진 평안을 발견하면
숨 쉴 수 있습니다.

걱정 속에 숨겨진 만족을 발견하면
근심이 사라집니다.

진정한 자유는 더 이상 잃어버릴 것이 없는 것입니다.

Good Bye...
God be with you!

"불멸의 기쁨 소식"이 있습니다.

그대는 결코 혼자가 아니라는 사실입니다.

인간은 '위를 바라보며 사는 자'입니다.

언제든지 그대를 향한 빛을 바라보십시오.

걱정하지 말고 그대의 삶을 살아가십시오.

두려움에 싸여 게으름에 눌려

아무 것도 하지 않으려 하는 것보다

해야 할 일을 하지 않는 것이 더 위험합니다.

먼 길 가는 그대를 축복합니다

길 위에서 길을 찾지 못하는 인생이 되지 마십시오.

비록 지금은 불확실한 불안감과 두려움이 가득할 지라도

결코 포기하지 마십시오.

그대가 생각하는 것, 이상으로는 살아갈 수 없습니다.

그대가 마음에 품은 것, 이상으로는 살아갈 수 없습니다.

그대가 소망하는 것, 이상으로는 살아갈 수 없습니다.

그대가 믿는 것, 이상으로는 살아갈 수 없습니다.

마음의 새로운 지도를 가지고 가십시오.

행동의 열렬한 의지를 지니고 가십시오.

그대의 인생 항해를 멋지게 이루어 가십시오.

그대를 언제나 지지합니다.

어려움 때문에 살기 힘든 것이 아니라, 어려움 덕분에 이만큼이라도 잘 사는 것입니다

일반적으로 여행은 휴식이지만 누군가에게는 꿈에 그리던 소원을 이루는 기적 같은 일이기도 합니다. 농촌에서 평생 수고를 아끼지 않으며 살아온 몇 몇 노인들이 있었습니다. 이들은 함께 인생의 마지막 휴가를 바닷가 휴양지 에서 보내려는 계획을 세우고 서로 다른 경제사정에 맞추어 오랫 동안 경비 를 모으며 여행을 준비했습니다. 그리고 자신들의 여행을 안내할 사람을 찾 기로 하고 지역신문에 광고했는데 많은 신청자들이 몰렸습니다. 그들은 이 중에서 젊고 멋있는 청년, 찰스를 선택했습니다. 애초 기대도 하지 않았던 찰 스는 자신이 노인들의 여행 안내원이 되었다는 사실이 놀랍고 신기하기만 했 습니다. 노인들과 찰스는 여러 차례 만나서 준비하고 드디어 떠날 날이 되어 마을광장에 모였습니다. 마을 사람들도 함께 배웅을 나와 이들의 멋진 여 행을 축하해 주었습니다. 한마디로 마을의 큰 축제 같았습니다.

그러나 오늘 여행을 떠날 노인들과 찰스는 모두 장애를 가진 사람들이었 습니다. 몸이 불편해서 그동안 제대로 먼 여행을 갈 수 없었던 노인들은 이제 평생소원을 이루게 된 것입니다. 찰스도 중증 장애를 가지고 태어나 보호시 설에 맡겨졌는데 혼자서는 움직일 수 없습니다.

찰스는 언젠가 더 넓은 세상으로 나가려는 꿈을 가지고 나름대로 여행계획을 세우고 있었던 차에 노인들의 안내원 광고를 보고 지원하게 된 것입니다. 노인들은 이런 사정 이야기를 듣고 안내원으로 찰스를 선택했습니다. 이들이 모두 함께 여행하기에는 불편한 점들이 참 많습니다. 서로 의지하고 돕고 이해하지 않으면 여행을 제대로 끝낼 수 없습니다. 하지만 찰스의 안내에 모두들 잘 따르며 힘들고 어려운 먼 곳으로의 여행을 무사히 마치게 됩니다. 여행 내내 이들은 한가족이 되어 인생의 가장 멋진 휴가를 보냅니다. 비록 많은 곳을 다니는 여행은 아니었지만 바닷가에서 멋진 파도와 노을을 바라보며 최선의 삶을 살아온 서로의 인생에 대해 이야기하며 남은 인생을 지금처럼 후회 없이 멋지게 살기를 다짐했습니다. 물론 노인들 옆에는 휠체어에 앉아 환하게 웃고 있는 찰스도 있었습니다.

어렵고 힘들고 불편한 불행 같은 조건들을 내어 버릴 수 없더라도, 결코 고개 숙이지 말고 담대하게 가슴에 품고 온몸으로 부딪히며 살아가야 합니다.

세상은
그대를 필요로 합니다

그대는
폭풍우의 천둥소리보다 더 큰 울림으로
잠자는 영혼을 깨우는 파수꾼.

그대는
울부짖으며 통곡하는 사람들에게
희망의 노래를 선물하는 화해자.

그대는
죽음의 문화가 퍼져 나가는 유행 속에서
회복의 돌풍을 일으키는 개혁자.

그대는
모두가 포기하고 더 이상 바라지 않는
부정의 사회 속에서 옳음을 세워 가는 사명자.

열렬함으로 세상의 심장이 되라.

거침없는 사랑

영혼을 가슴에 담고

세상을 향해 눈물을 흘리며 살고 싶습니다.

"인간은 자기 손에 있는 것이
얼마나 소중한지 알려고 하지 않지만
그것을 잃어버리면 바로 값을 매기려는
어리석음을 가지고 있다." _셰익스피어

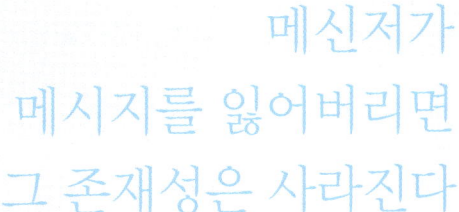

메신저가
메시지를 잃어버리면
그 존재성은 사라진다

사랑의 불을 전달하라.
당신 안에 있는
생명의 불을
소홀히 하지 말라.

진리는 언제나 그 자리에 있습니다.

내게 주어진 소중한 사람들

도널드는 비행기를 수리하는 기술자입니다. 원래 도널드는 비행 조종사의 꿈을 가지고 있었습니다. 수백 명의 여행객들을 안전하게 목적지까지 인도하는 비행기 조종사야말로 아주 멋진 직업이라고 생각했기 때문입니다. 하지만 학교를 졸업하기 전, 친구들과 운동을 하다 한쪽 눈을 다쳐 시력이 나빠지면서 조종사의 꿈을 포기하고 말았습니다. 실망과 절망에 빠진 도널드는 졸업도 하지 않은 채 친척이 사는 시골 농장에 들어가 일하며 지냈습니다. 드넓은 농장에서 힘겹게 일을 하다 잠시 동안 허리를 쭉 펴고 하늘을 바라보면 가끔 저 멀리 지나가는 비행기가 보였는데, 그때마다 도널드의 마음은 괴로웠습니다.

도널드는 마을 장터에 물건을 사러 나온 어느 날, 복잡한 시장 한쪽 구석에서 비행기 모형을 직접 나무로 깎아 만들어 팔고 있는 마틴 할아버지를 만나게 되었습니다. 멋진 조종사 모자에 여러 훈장을 가슴에 달고 있는 마틴 할아버지는 공군 조종사로 전역한 후, 고향에 내려와 살면서 소일거리로 비행기 모형을 만들고 있었습니다. 특히 어린이들에게 인기가 아주 많은 할아버지를 도널드도 좋아하게 되었고, 시간이 될 때마다 많은 이야기를 서로 나누게 되었습니다. 마틴 할아버지는 도널드가 다시 마음의 힘을 얻어 새로운 삶을 살아가기를 바랐고, 그를 위해 오랜 시간 정성을 들여 아주 특별한 비행기를 만들어 주었습니다. 그런데 그 비행기는 이상하게도 한쪽 날개가 없는 비행기였습니다. 그 안에는 편지 한 통도 있었습니다.

"도널드, 비행기는 조종사에 의해서만 하늘을 나는 것은 아니란다. 수많은 사람들의 수고와 노력, 그리고 완벽한 기술력으로 준비될 때야 비로소 마지막으로 조종사가 비행기를 조종할 수 있게 되는 거지. 넌 지금까지 혼자서 네 인생을 살아가려고 했어. 한쪽 날개만 가지고 날려고 했던 거야. 그래서 지금 좌절하고 있는 것이란다. 너를 위해 애쓰고 사랑을 베풀어 주신 부모님과 네 주변의 많은 사람들을 잊고 있었어. 다시 시작해 보렴. 네 인생의 비행기가 날아갈 수 있도록 나머지 한쪽 날개를 찾아보렴."

✚

인생은 혼자 노력하고 애쓰며 살아가는 것이 아닙니다.
내게 주어진 사람들을 돌아보고 함께 미래를 나누며
살아갈 때 인생의 하늘을 멋지게 날 수 있습니다.

지금 넘어진 자리를 딛고
벌떡 일어서서
생명을 이루어 내는
기적의 길을 걸어가십시오

언제든지 다시 시작할 수 있는 기회라고

언제든지 주어지지 않습니다.

언제든지 다시 시작할 수 없는 마지막 순간만이

언제든지 주어질 뿐 입니다.

지금이 아니라도 언제든지 하면 된다는

안이한 생각에 빠지면

반드시 실패를 맛보게 됩니다.

최선이 모든 것을 이끌어 갑니다.

최선은 끝이 없습니다.

최선은 결과에 연연하지 않습니다.

최선은 오직 이루어야 할 일을 당연히 하는 것이고

반드시 가야 할 길을 묵묵히 가는 것입니다.

지금 내가 가는 이 길이 아무리 멋지고
아름다운 길이라 할지라도
목적지를 알지 못한 채 가고 있다면
방황일 수밖에 없지 않은가.

언제나 당신에게
힘이 되고 싶습니다

제이슨은 평생 휠체어를 사용하며 지내야 하는 특별 보호가 필요한 13살 소년입니다. 그리고 아그네스는 학교에서 제이슨을 담당하는 특수교사입니다. 제이슨과 아그네스는 서로 친해져 교회도 함께 다니고 있습니다. 제이슨의 할아버지가 몹시 아파 응급실에 실려 갔을 때 제이슨은 아그네스에게 함께 기도해 달라고 부탁도 하였습니다. 학교에서 학생과 교사가 함께 기도하는 것을 금지하고 있었지만 두 사람은 언제나 여러 문제에 대해 같이 기도했습니다. 종종 교실에서 둘이 같이 기도하자는 표시로 제이슨은 연필을 십자가 모양으로 하여 책상에 올려놓기도 했습니다. 그래서 제이슨은 항상 두 개 이상의 연필을 가지고 다녔습니다.

제이슨은 11학년 때 심장병 수술로 병원에 입원하게 되었습니다. 교실에 있는 그의 빈 책상에는 연필 두 자루가 평범하게 놓여 있었습니다. 그리고 제이슨은 수술 2주 후에 합병증으로 세상을 떠났습니다. 그의 삶은 아픔의 연속이었지만, 그의 눈부신 미소와 활달한 성격, 그리고 끊이지 않았던 다른 이를 위한 기도는 연필 두 자루의 십자가와 함께 아그네스의 마음속에 아직도 소중히 남아 있습니다.

삶의 흔적은 한 걸음 한 걸음 내디뎠던 열정만이 남아야 합니다. 비록 비틀거리며 힘겹게 살아왔을지라도, 자신이 걸어야 할 길을 걸었다면 위대한 흔적을 남긴 역사가 됩니다.

두 사람이 한 사람보다 나을 수밖에 없는 것은
함께 서로 격려하고 용기를 주기 때문이다.

하루해가 질 때,
두렵지 않게 하소서!

죽음은 인간에게 오직 단 한 번만 허락되는
가장 위대한 교육이다.
그러나 죽음 이후가 아닌
현재 삶의 깨달음을 위함이다.
죽고 난 후에는 변화될 수 없다.
죽기 전에 죽음을 통해 변화하라.
이것이 성숙한 삶이다.

✠

인생의 마지막 성공은 좋은 죽음을 맞이하는 것이다.

탁본이 아니라
견본인생으로 살아가라!

세상은 이런 사람을 필요로 한다.

돈으로 살 수 없는 사람을

말이 그의 보증이 되는 사람을

의견과 뜻이 있는 사람을

자신의 직업보다 더 큰 사람을

위험을 무릅 쓰는 일에 머뭇거리지 않을 사람을

군중들 틈에서 자신의 개성을 잃지 않을 사람을

큰일에서나 작은 일에 정직할 사람을

잘못된 것과는 타협하지 않을 사람을

야망을 그들 자신의 이기적인 열망으로 제한하지 않을 사람을

모든 사람이 그렇게 하기 때문에 그렇게 한다고 말하지 않을 사람을

역경 가운데서 뿐만 아니라 번영 가운데서도 진실할 사람을

교활하고 계산적인 것이 성공의 지름길이라고 믿지 않는 사람을

아무도 따라 주지 않아도 진리를 위해 홀로 서기를

두려워하지 않거나 부끄러워하지 않을 사람을

세상의 나머지 사람들이 '예'라고 말해도

'아니오'라고 강하게 말하는 사람을.

-테드 엥스트롬

절망을 가장한
위험에 속지 말고
위기 앞에 담대히 맞서야 합니다!

위험하지 않은 곳은 없습니다.

위기가 없는 순간은 없습니다.

언제 어디서나 누구에게든지

당황스러운 일은 일어납니다.

가장 위험한 것은 절망할 때입니다.

가장 위기일 때는 포기하는 순간입니다.

위험은 살아 있음의 이유입니다.

위기는 성숙을 위한 거름입니다.

산모는 아이를 출산할 때

비록 고통과 위험의 순간을 겪지만

생명이 탄생되는 기쁨을 얻습니다.

인생의 고난은 '저주'가 아니라 '복'입니다.

실패를 두려워하지 말고
아무런 문제없이 성공하는 것을
두려워하라.

춤추는 축복

초등학교 교사인 마틸다는 일요일 아침 일찍부터 옷을 차려입고 한껏 흥분되어 교회로 갑니다. 예배당 앞쪽에 놓인 높은 의자가 마틸다의 자리입니다. 마틸라는 언어 장애를 가지고 있는 사람들을 위해 수화로 열심히 내용을 전달하는 일을 하고 있습니다.

그녀가 수화를 배우게 된 것은 아주 특별한 아이스크림 때문이었습니다. 어릴 적 옆집에 언어장애를 가진 아이가 이사를 왔습니다. 서로 대화는 불가능했지만 이런저런 놀이를 통해 눈빛만 봐도 마음을 읽고 생각을 나눌 수 있는 친구가 되었습니다. 학교에 다니지 않고 집에서 공부했던 그 아이는 마틸다가 학교에서 돌아와 함께 놀아 줄 때 가장 행복해 했습니다. 서로 종이에 글씨를 써 가면서 대화를 했지만 말하기 좋아하는 마틸다는 가끔 답답한 나머지 화를 내서 그 아이를 힘들게 했습니다. 마침 그 아이의 생일에 그동안 미안했던 일들을 사과하려고 마틸다는 아이스크림을 사서 찾아갔는데 그 아이는 갑자기 열이 높아져 병원 응급실에 가게 되었습니다. 깊은 병을 가지고 살았던 옆집 아이는 오랜 시간을 병원에서 지내게 되었습니다. 자주 문병을 간 마틸다는 수화를 배워 그 아이와 못다 한 수다를 떨며 위로해 주고 싶었습니다. 그리고 그 아이의 마음도 많이 알고 싶어졌습니다. 열심히 수화를 배우며 한두 마디 아이와 대화를 나누던 어느 날, 그 아이는 세상을 떠나고 말았습니다. 어린 나이에 큰 아픔을 겪은 마틸다는 계속 수화를 배우고 어른이 되어서도 언어 장애인을 위한 봉사를 했습니다.

그리고 마틸다는 교사가 되었습니다. 그리고 처음 맡은 학생들 중 한 아이가 자신의 할머니에 대한 글을 썼는데, 자세히 내용을 보니 그 아이의 할머니가 바로 어릴 적 친구였던 옆집 아이의 어머니였던 것을 알게 되었습니다. 할머니는 항상 세상을 일찍 떠난 자신의 딸에 대한 이야기를 손자들에게 해주었던 것입니다. 천사처럼 가족들에게 사랑을 남기고 간 딸 이야기와 그 옆집 아이, 마틸다의 이야기도 함께 말입니다. 옆집 아이는 세상을 떠나기 전, 자신이 다니던 교회의 다른 언어장애 친구들과 마지막으로 아이스크림을 나누어 먹고 싶어 했고 마틸다와 함께 친구로 지낸 시간의 달콤했던 기억을 남기고 싶었다는 것을 마틸다는 알게 되었습니다. 그래서 마틸다는 이제 그 옆집 아이의 소원대로 교회에서 "아이스크림 친구 클럽"을 만들고 언어장애를 가진 사람들과 함께 달콤한 친구로 지내게 되었습니다.

평생각오

흥분에 미치지 말자.
기분에 속지 말자.
감상에 젖지 말자.
충동에 몸을 팔지 말자.
거짓 사랑을 말하지 말자.
달콤한 유혹에 빠지지 말자.
희망 없는 쾌락 문화에 매달리지 말자.

시간 앞에 담대히 살자.
순간 앞에 용감히 살자.
자연 앞에 칭찬받으며 살자.
물질 앞에 투명하게 살자.
사람 앞에 당당히 살자.
인생 앞에 정직하게 살자.
죽음 앞에 떳떳하게 살자.

"결코 아깝지 않은
인생의 가치를 세우라."

오늘,
더 밝고 더 넓은
마음의 눈을 뜹니다

로버트는 거리의 시인입니다. 공원 길가에 앉아 순간순간 떠오르는 생각을 시로 적어, 지나가는 사람들에게 선물합니다. 오래된 수동 타자기를 한 자 한 자 두드리며 생각과 마음을 표현하는 그의 표정은 진지하다 못해 숨소리조차 들리지 않습니다.

치열하게 살아야 할 한창 나이에 한가하게 공원에 나와 시를 짓는 독특한 외모의 그가 궁금해서 곁에서 지켜보던 나는 묻고 싶었습니다. "왜 이렇게 사나요?" 하지만 왠지 오히려 내가 더 이상한 사람이 될 것 같아 꾹 참고 있었는데, 어느 새 그가 나를 위해 지금 막 지었다며 건네준 시의 제목은 '시간, 그 모든 가능성'이었습니다. 온종일 로버트가 지어 준 시를 되새기며, 요즘 고민하고 있던 내 인생의 시간에 대한 문제를 해결하는 데 참 많은 도움을 얻습니다. 그날은 로버트에게 한 수 배운, 행복한 날이었습니다. 오늘도 로버트가 뉴욕 센트럴 공원에 나와 있을까 궁금합니다.

✛

인생의 시간 속에 마음을 심고
사랑의 뿌리를 내려라.

돌보라, 기도하라, 나누라

만약 내가 한 사람의 가슴앓이를 멈추게 할 수 있다면
나 헛되이 사는 것은 아니리.

만약 내가 누군가의 아픔을 쓰다듬어 줄 수 있다면
혹은 고통 하나를 가라앉힐 수 있다면
혹은 기진맥진 지친 한 마리 울새를
둥지로 되돌아가게 할 수 있다면
나 헛되이 사는 것은 아니리.

에밀리 디킨슨

흔들려도 쓰러지지 말라

기쁨과 재미를 혼동하지 말라.

재미는 기쁨의 모양만 있고 기쁨의 내용이 없는 껍데기다.

재미는 인간의 감정이나 느낌에 만족을 주지만

기쁨은 영혼의 행복이다.

세상의 재미있는 것들은 모두 생명이 없다.

결과가 허탈함이다. 후회를 안겨 준다.

또 다른 재미를 위해

영혼마저 팔아 버리려 할 정도로 중독성이 강하다.

재미를 즐기기 위해 지녀야 할

기본과 상식을 내버리지 말라.

✙

기본에 충실하라.

돌봄, 영혼의 깊은 즐거움

뒷마당에 작은 채소밭을 만들어 놓고 틈만 나면 들락거리며 행복해하는 에녹은, 언젠가 제법 근사한 정식 채소농장을 운영하겠다는 꿈을 가지고 있습니다. 에녹이 이런 계획을 하는 것은 근처 노인아파트에 홀로 살고 있는 거동이 불편한 노인들을 위해 채소를 재배하고 아파트를 방문하여 만찬을 대접하고 있기 때문입니다. 노인들은 이 음식을 "사랑의 보약"이라고 부릅니다.

에녹은 시장에 장을 보러 갔다가 몸이 불편해서 서로 의지하며 힘겹게 움직이는 어느 노부부를 도왔던 적이 있었습니다. 가끔 마주치는 이 노부부와 반갑게 인사하며 지내다 한번은 그들이 사는 아파트에 초대되어 식사대접을 받았습니다. 집에 돌아오는 길에 에녹은 노부부가 많은 노인들이 시장에서 장을 보는 일이 절대 쉽지 않은 일이라고 스쳐 지나가듯 한 말이 생각나 계속 마음에 걸렸습니다. 그리고 아침에 일어나 우연히 바라본 버려진 자신의 뒷마당이 그날따라 이상하게 멋진 채소농장으로 보이는 것이었습니다. 마음속에서는 이미 농부가 되어 채소를 재배하고 노인들에게 나누어 주는 모습까지 그려지고 있었습니다. 에녹은 그 후부터 노인들의 채소를 책임지는 농부가 되었습니다. 지금은 비록 적은 양의 채소를 수확하지만 일찍 여읜 부모님에게 평소 해 드리지 못한 작은 사랑의 표현을 하는 것 같은 기쁨을 느낍니다. 더군다나 에녹의 주변사람들도 뒷마당을 작은 채소밭으로 바꾸는 신나는 일들이 일어나고 있습니다.

사랑과 정성이 깃든 채소를 재배해서 만든 음식을 홀로 살고 있는 노인들에게 대접하며 인생의 새로운 의미를 찾은 사람들이 많아지고 있는 것입니다. 에녹은 지금 "사랑의 채소농장" 농부가 되어 함께 이 일에 참여하고 있는 사람들의 모임을 인도하는 멋진 청년으로 살아가고 있습니다.

언젠가부터 지붕 처마 밑에 참새집이 생기더니 이내 새끼들이 조잘거리며 소리를 내고 있습니다. 어미는 벌써부터 바쁘게 집을 들락거립니다.

돌봄, 참 아름답습니다.

목숨 걸고 당신을 사랑하길
정말 잘했습니다

어차피 해야 할 일이라면

그대와 함께 기대하며 이루어 가겠습니다.

두렵더라도 해야 할 이유가 있기 때문입니다.

어차피 가야 할 길이라면

그대와 함께 웃으면서 가겠습니다.

어떤 고난이라도 숨겨진 축복이 있기 때문입니다.

어차피 함께 살아야 한다면

그대와 함께 기쁘게 살아가겠습니다.

외롭고 힘들 때마다 그대 때문에 견딜 수 있기 때문입니다.

어차피 끝까지 책임져야 하는 일이라면

그대와 함께 포기하지 않겠습니다.

행복하게 노력하다 보면 반드시 이룰 수 있기 때문입니다.

가장 훌륭한 시는
아직 쓰이지 않았다.
가장 아름다운 노래는 아직 불리지 않았다.
최고의 날들은 아직 살지 않은 날들
가장 넓은 바다는 아직 항해되지 않았고
가장 먼 여행은 아직 끝나지 않았다.
불멸의 춤은 아직 추어지지 않았으며
가장 빛나는 별은 아직 발견되지 않은 별.
무엇을 해야 할지 더 이상 알 수 없을 때
그때 비로소 진실로 무엇인가를 할 수 있다.
어느 길로 가야 할지 더 이상 알 수 없을 때
그때가 비로소 진정한 여행의 시작이다.

진정한 여행–나짐 히크메트

웃음,
새로운 생일의 시작

컴퓨터를 수리하는 벤자민은 부모나 친척 없이 혼자 살아가는 노총각입니다. 벤자민에게는 평생 잊지 못할, 상처로 남을 수밖에 없는 충격적인 일이 있었습니다. 부모님께서 결혼 40주년 기념 여행길에 사고를 당해 한순간에 이 세상을 떠나셨고, 곧 결혼을 앞둔 약혼자도 직장에서 심장질환으로 갑자기 자신의 곁을 떠났기 때문입니다. 세상에서 가장 사랑하는 사람들을 잃은 슬픔은 벤자민을 폐인으로 만들었습니다.

며칠 동안 밖으로 나오지 않고 홀로 고통의 시간을 보내던 어느 날, 벤자민은 약혼녀가 쓰던 컴퓨터가 자신의 방 한쪽에 있던 것을 발견했습니다. 그리고 작은 메모지에 "벤자민, 내 컴퓨터가 고장이 났는데 고쳐 줘. 그런데 컴퓨터 안에 내가 당신에게 써 놓은 편지가 있어. 고치게 되면 찾아서 잘 읽어 보고 답장해 줘."라고 쓰여 있었습니다. 컴퓨터를 수리하고 살펴보니 함께 했던 많은 시간들 속에 남겨진 여러 장의 사진들이 벤자민을 더욱 힘들게 했습니다. 벤자민은 바로 약혼녀의 편지를 찾아 읽기 시작했습니다.

"사랑하는 그대여, 내가 그대에게 어떤 존재인가요? 영원히 함께할 사랑으로 날 사랑하고 있나요? 난 그렇다고 믿어요. 당신도 그렇지요? 우리가 서로 사랑하고 있으니 앞으로 우리에게 일어날 그 어떤 힘든 일도 웃음 지으며 이겨 나가길 바래요. 가끔 당신이 짓는 작은 웃음을 보면 내가 얼마나 행복한지 알아요? 지금 바로 웃고 있는 당신의 멋진 얼굴을 찍어 내게 보내 주세요. 당신과 함께 영원히 웃음 짓기 원하는 당신의 그대로부터."

벤자민은 참을 수 없는 슬픔 때문에 주저앉아 한참을 울었습니다. 그런데 벤자민은 자신이 웃고 있는 것을 느꼈습니다. 그녀와 약속을 지키고 있었던 것입니다.

참 사람의 고백

그대를 인정합니다.
내 마음이 그대를 허락하며 끝까지 후원하겠습니다.

그대를 이해합니다.
내 생각이 그대를 배우며 언제든지 바라보겠습니다.

그대를 용서합니다.
내 감정이 그대를 생각하면 웃음 짓도록 가르치겠습니다.

그대를 기대합니다.
내 미래가 그대와 함께하는 즐거운 여행이 되길 소원합니다.

그대를 좋아합니다.
내 생활이 그대를 쫓아가며 그대로 따라 하겠습니다.

그대를 축복합니다.
내 영혼이 오직 그대의 진정한 행복을 위해 기도하겠습니다.

그대를 사랑합니다.
내 삶이 그대를 위해 희생하며 그 어떤 것도 요구하지 않겠습니다.

✛

인생의 짐은
서로 나누어 짊어지기 위해 주어진 것이다.
사랑한다면 어느 누구의 짐이든
나누어지지 못할 이유가 없다.

아픔이 쉬어 가는 곳

선천적 정신 지체장애를 가진 사람들이 사는 작은 아파트. 마을 사람들은 이곳을 "날개 없는 천사마을"이라고 부릅니다. 아주 특별한 사람들이 함께 사는 이곳은 어려운 여건 속에서도 언제나 웃음이 가득합니다. 누구를 만나든지 반갑게 인사하며 서로 안아 주고 손을 잡아 주는 모습 속에 행복이 가득합니다. 장애 탓에 부모로부터 버림받고 여기저기 옮겨 다니며 오랜 시간을 외로움과 냉대 속에 살았던 이곳 사람들은 20대 후반의 엠마를 만나고 난 후부터는 모두 한 가족이 되어 지금 최고의 행복을 누리고 있습니다.

어릴 적 엠마에게는 장애를 가진 동생이 있었습니다. 그런데 엠마와 항상 함께하던 동생은 어느 날 혼자 밖으로 나갔다가 차 사고로 일찍 세상을 떠났습니다. 엠마는 동생의 유품을 정리하다 가족들에게 줄 성탄 카드에 힘들게 쓴 동생의 글을 발견했습니다.

"나는 언제나 천국에서 사는 것 같아. 너무 행복해. 고마워, 내 가족…"

엠마는 가족에게 천사로 살다 떠난 동생을 잊을 수 없었습니다. 그래서 직장을 그만두고 동생과 같은 장애를 가진 사람들을 도우며 살겠노라 다짐하고 특수교육을 공부했습니다. 그리고 부모님은 재산을 정리하여 "날개 없는 천사 마을"을 마련했습니다.

Love Come Down

처음에는 지역 주민들의 반대가 심했지만, 이곳에서 생활하는 사람들이 지역봉사에 적극적으로 참여하고 어려운 이웃들을 위해 사랑을 베풀며 살아가는 모습에 감동을 받고 이제는 한동네 주민으로 함께 살아가고 있습니다.

날개 없는 천사들이 밖을 나와 걸을 때 동네 주민들은 온 동네가 사랑으로 가득한 것 같다고 합니다. 웃음을 잃은 사람, 불행한 인생이라 한탄하는 사람, 슬픔과 좌절로 힘들어하는 사람들은 천사들을 만나면 언제나 힘을 얻고 다시 시작할 수 있는 기적이 일어난다고 합니다. 엠마는 오늘도 이들이 벗어 놓은 세탁물을 정리하며 온 세상이 천사로 가득한 천국을 살아가는 행복을 느낍니다.

시작은 있어도 끝이 없는
월등한 사랑을 하십시오

아들아! 사랑한다는 것은 쉬운 일이 아니니라.

누군가를 사랑하고 있다고 생각하더라도

때로 그것이 자기를 사랑하고 있음에 지나지 않느니라.

그래서 모든 것이 헛것이 되고 모든 것이 파국이 되고 만다.

사랑한다는 것은 누구와 만나는 일이다.

그 일 때문에 내 이름은 뒤로 제쳐 놓고

기쁜 마음으로 그 사람을 향해 그 사람을 위해 걸어가야 하느니라.

사랑한다는 것은 마음을 통하는 일이다.

마음이 통하기 위해서는 그 사람을 위해 자기를 잊고

그 사람을 위해 자기를 완전히 낮춰야 하느니라.

아들아 알겠느냐. 사랑은 아픔이다.

잘 들어라. 아담과 이브가 죄를 지은 이래

누군가를 사랑한다는 것은 그를 위하여

제 몸을 십자가에 못 박은 일이다.

사랑은 아픔이다.

미셸 쿠오스트

어머니, 당신은 세상에서 가장
용맹스러운 전사입니다.

그대 때문에
세상이 행복해지기를

그대의 희생은 변화의 역사를 일으킵니다.
그대의 희생은 화합을 이룹니다.
그대의 희생은 생명을 살리는 능력입니다.
희생은 온전한 사랑을 이루어 냅니다.

그대는 희생의 사도입니다.

낮은 곳에 있더라도 당당함으로,
착실하게 세상을 이끌어 가라.

결코 놓칠 수 없는 희망

3대째 말레이시아의 도시 주변 빈민가에 살고 있는 아자니는 20대 초반의 청년입니다. 태어날 때부터 온갖 위험과 열악한 환경 속에서 자랐지만, 그는 결코 그곳을 떠날 생각이 없습니다. 친구들은 모두 도시로 나가 새로운 인생을 살아가지만 아자니는 아버지와 함께해야 할 일이 있기 때문입니다.

아자니의 할아버지는 도시에서 인쇄소를 운영하며 제법 돈을 많이 모았습니다. 그런데 어느 날 인쇄소에 불이 나서 모든 재산을 잃어야 했습니다. 하지만 할아버지는 실망하지 않고 집에 작은 인쇄 기계를 들여놓고 다시 사업을 시작했습니다. 그리고 얼마 지나지 않아 지인의 소개로 전단지를 만들게 되었는데, 기독교 선교단체에서 빈민지역 주민들을 위해 만든 전도지였습니다. 할아버지는 전도지에 쓰인 내용을 무심코 읽게 되었는데 인생의 가장 훌륭한 성공은 '영혼이 구원받아 천국을 가는 것'이라는 말에 힘들었던 마음이 평안을 얻었고, 전단지를 찾으러 온 선교사를 통해 평생 믿어 온 이슬람에서 기독교로 개종을 하게 되었습니다. 이 때문에 할아버지는 더 이상 도시에서 사업도, 생활도 하기 힘들어 가족들을 데리고 선교사와 함께 빈민가로 들어가 그곳 사람들에게 희망을 나누어 주는 일을 하게 되었습니다.

할아버지가 찍어 내는 전도지에는 항상 스마일 그림이 그려 있었습니다. 그래서 동네 사람들은 할아버지를 "스마일파파"라고 부르며 좋아했습니다.

그러나 안타깝게도 할아버지는 교통사고로 몸을 다쳐서 며칠을 앓다 세상을 떠났습니다.

이제는 아자니의 아버지가 스마일 전도지를 만들고 있습니다. 물론 아자니도 이 일을 이어가기 위해 마을을 떠나지 않을 것입니다. 스마일 전도지는 빈민가에서 행복의 상징이기 때문입니다.

오늘도 아자니는 행복한 마음으로 손에 잉크를 묻힙니다.

사랑을 심고
행복을 가꾸는 사람

　나름 남부러울 것 없이 성공한 인생을 살았다고 자부하는 중년의 남성 앤드류. 요즘은 음식 만드는 일에 푹 빠져 있습니다. 그래서 등록한 요리학원에서도 아주 인기가 많습니다. 언제나 밝고 환한 얼굴로 한참 나이 어린 학생들과 어울리며 앞으로 자신이 만들 음식을 생각하면 즐겁지 않을 수 없습니다. 앤드류의 마음은 벌써 남미 니카라과의 어느 가난한 동네에 가 있기 때문입니다. 열악한 환경 속에서 제대로 된 음식을 접하지 못하는 그곳 어린 아이들에 대한 이야기를 잡지에서 읽은 후, 오랜 시간 동안 그의 마음은 온통 아이들의 얼굴로 가득했습니다. 그래서 그 마을에 작은 식당을 열어 사랑과 정성이 가득하고 맛난 음식을 대접하고 싶은, 자신의 생애 마지막 열정이 생긴 것입니다. 더군다나 가족들도 덩달아 신이 나서 아빠의 꿈을 함께 만들어 나가기로 했습니다.

　앤드류는 어릴 적 어머니가 해 주시던 여러 음식을 기억하며 특별한 요리법을 익히고 있습니다. 어머니의 음식 하나하나에는 언제나 의미가 담겨 있었습니다.

　"채소는 언제나 물기를 머금고 있으니 아주 신선하단다. 누구에게나 채소같은 사람이 되어라. 육류는 가능한 많이 먹지 말거라. 자주 화를 내지 말고. 과일은 우리에게 겸손을 가르쳐 주는데 언제나 노력하고 때를 기다릴 줄 아는 사람이 되어라."

앤드류는 어머니의 아주 특별한 요리가 자신을 여러 면에서 건강하게 자라게 했음을 잘 알고 있습니다. 어려서 아버지를 잃고 어머니와 생활하며 겪었던 좌절이나 불평의 환경 속에서도 희망을 가지고 살아온 자신의 인생을 돌아보며, 이제는 어머니의 특별 요리법을 가진 인생 요리사가 되어 다른 사람의 삶에 희망을 건네주고 싶습니다.

누구든지 이 땅을 떠나기 전, 단 한 번이라도 가장 멋지고 아름답고 가슴 뛰는 마지막 사명과도 같은 인생 최고의 순간을 살아야 할 의무가 있습니다.

아름다운 신념

우리는 서로

사랑하며 용서를 구하고

미움과 분노를 다스리며

이해와 화해의 능력으로

진실을 이루며

신뢰를 세워 나가야 합니다.

세상에서 사람이 가장 아름답습니다.

사람이 사람을 무시하면

모든 것을 잃는 것입니다.

"최고의 사랑을 아끼지 말라.
진정한 사랑은
내 것을 내 것으로 주장하지 않을 때 일어난다.
받은 복을 계산만 하지 말고
아낌없이 나누라"

∾ 가장 아찔한 무기 ∾

화를 품고 살면 오히려 화를 당합니다.
힘을 남발하면 오히려 피해를 입습니다.
말을 아끼지 않으면 오히려 소문에 휩싸입니다.
나를 내세우면 오히려 창피를 당합니다.
남을 누르려고 하면 오히려 내가 쓰러집니다.

위대한 인격은 잘 갖추어진 습관입니다.
감정을 잘 다스리고, 의지를 이끌어 가고,
지성을 발전시키는 습관으로
인격을 형성하는 틀을 갖추어야 합니다.
삶이란 익숙해진 습관으로 이루어진다는 말이 있습니다.

상식을 무시하면
모든 것이 무너집니다

모두가 싫어해도 해야 할 일을 해야 하며
모두가 좋아한다 해도 하지 말아야 할 일은 하지 않아야 한다.

지킬 것을 지키지 않는 것은 악함이다.
해야 할 일을 하지 않는 것은 무책임이다.
가릴 것을 가리지 않고 받아들이는 것은 망함이다.

상식은 인간이 지니고 있는 기본인격이다.
상식도 지키지 못하는 사람치고 참된 인간은 없다.

정의를 상식으로 삼으라.
그 어떤 것도 그대의 정의를 막을 수 없다.

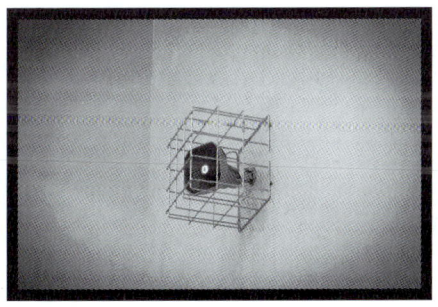

생명의 아침을 맞을 땐,
일어나 무릎을 꿇겠습니다

사랑, 희망, 용기, 회복, 신뢰, 진실, 격려, 착함, 꿈, 열정,

기쁨, 순수, 나눔, 진리, 아름다움 행복….

아, 우리가 살면서 구하고 얻어야 할

좋은 것들은 참 많습니다.

성공이란

세상을 조금이라도 살기 좋은 곳으로 만들어 놓고 떠나는 것

자신이 한때 이곳에 살았음으로 해서

단 한 사람의 인생이라도 행복해지는 것

이것이 진정한 성공이다.

랄프 왈도 에머슨

"세상을 구하는 10가지 방법 중,

제일은 사랑이라"